AF477305

Todos los libros de Linkgua Ediciones cuentan con modelos de Inteligencia Artificial entrenados por hispanistas. Pregúntale al chat de tu libro lo que desees acerca de la obra o su autor/a.

Para **ebooks**: Accede a nuestro modelo de IA a través de este enlace.

Para **libros impresos**: Escanea el código QR de la portada con tu dispositivo móvil.

Obtén análisis detallados de nuestros libros, resúmenes, respuestas a tus preguntas y accede a nuestras ediciones críticas generativas para una experiencia de lectura más enriquecedora.
La transparencia y el respeto hacia la autoría de las fuentes utilizadas son distintivos básicos de nuestro proyecto. Por ello, las respuestas ofrecen, mediante un sistema de citas, las fuentes con las que han sido elaboradas.

Gonzalo Fernández de Oviedo

Sumario de la natural historia de las Indias

Edición de Manuel Ballesteros Gaibrois

Barcelona 2024
Linkgua-ediciones.com

Créditos

Título original: Sumario de la natural historia de las Indias.

© 2024, Red ediciones S.L.

e-mail: info@linkgua.com

Diseño de cubierta: Michel Mallard.

ISBN rústica ilustrada: 978-84-9953-5715.
ISBN tapa dura: 978-84-1126-188-3.
ISBN ebook: 978-84-9007-521-0.

Sumario

Brevísima presentación

La vida

Gonzalo Fernández de Oviedo y Valdés (Madrid, 1478-Valladolid, 1557). España.

De origen noble, muy joven sirvió a Fernando el Católico, segundo duque de Villahermosa. Allí estuvo hasta los trece años, y más tarde fue nombrado mozo de cámara del príncipe don Juan.

Estuvo en la rendición de Granada en 1492 y en el regreso de Cristóbal Colón tras su primer viaje. En 1498 estuvo en Milán al servicio de Ludovico Sforza y conoció a Leonardo da Vinci. En la Mantua de Andrea Mantegna sirvió a Juan de Borgia, a quien acompañó por Italia.

Viajó a América en 1513 en la expedición a Panamá de Pedrarias Dávila. Y tras una estancia de año y medio, volvió a España en medio de su polémica con fray Bartolomé de las Casas, quien lo acusó de ser «partícipe de las crueles tiranías que en Castilla del Oro se han hecho». Sus diferencias con Las Casas parten de que Fernández de Oviedo consideraba que los aborígenes no eran humanos y no merecían ser tratados como tales.

Sumario de la natural historia de las Indias fue uno de los primeros documentos impresos sobre la flora y la fauna americanas. Gonzalo Fernández de Oviedo viajó otras cuatro veces a América, en la que permaneció un total de veintidós años, y fue nombrado Cronista de Indias en 1532. Al año siguiente aceptó el cargo de alcaide de la fortaleza de Santo Domingo y allí murió en 1557.

Dedicatoria

Sacra, católica, cesárea, real Majestad: La cosa que más conserva y sostiene las obras de natura en la memoria de los mortales, son las historias y libros en que se hallan escritas; y aquellas por más verdaderas y auténticas se estiman; que por vista de ojos el comedido entendimiento del hombre que por el mundo ha andado se ocupó en escribirlas, y dijo lo que pudo ver y entendió de semejantes materias. Ésta fue la opinión de Plinio, el cual, mejor que otro autor en lo que toca a la natural historia, en treinta y siete libros, en un volumen dirigido a Vespasiano, emperador, escribió; y como prudente historial, lo que oyó, dijo a quién, y lo que leyó, atribuye a los autores que antes que él lo notaron; y lo que él vio, como testigo de vista, acumuló en la sobredicha su historia. Imitando al mismo, quiero yo, en esta breve suma, traer a la real memoria de vuestra majestad lo que he visto en vuestro imperio occidental de las Indias, islas y tierra-firme del mar Océano, donde ha doce años que pasé por veedor de las fundiciones del oro, por mandato del Católico rey don Fernando, quinto de tal nombre, que en gloria está, abuelo de vuestra majestad, y después de sus días he servido, y espero servir lo que de la vida me quedare, en aquellas partes a vuestra majestad. Todo lo cual, y otras muchas cosas de esta calidad, muy copiosamente yo tengo escrito, y está en los originales y crónica que yo escribo desde que tuve edad para ocuparme en semejante materia, así de lo que pasó en España desde el año de 1490 años hasta aquí, como fuera de ella, en las partes y reinos que yo he estado; distinguiendo la crónica y vidas de los Católicos reyes don Fernando y doña Isabel, de gloriosa memoria, hasta el fin de sus días, de lo que después de vuestra bienaventurada sucesión se ha ofrecido. Demás de esto, tengo aparte escrito todo lo que he podido comprender y notar de las cosas de Indias; y porque todo aquello está en la ciudad de Santo Domingo, de la isla Española, donde tengo mi casa y asiento y mujer e hijos, y aquí no traje ni hay de esta escritura más de lo que en la memoria está y puedo de ella aquí recoger, determino, para dar a vuestra majestad alguna recreación, de resumir en aqueste repertorio algo de lo que me parece; que aunque acá se haya escrito y testigos de vista lo hayan dicho, no será tan apuntadamente en todas estas cosas como aquí se dirá; aunque en algunas de ellas, o en todas, hayan hablado la verdad los que a estas partes vienen a negociar o entender en otras cosas que de más interés les puedan ser; los cuales quitan de la memoria las cosas de esta calidad, porque con menos atención las miran y consideran que el que por natural inclinación, como yo, ha deseado saberlas, y por la obra ha puesto los ojos en ellas. Aqueste sumario no contradirá lo que, como he dicho, más extensamente tengo escrito; pero será solamente para el efecto que he dicho, en tanto que Dios me lleva a mi casa, para enviar desde allí todo lo que tengo penetrado y entendido de esta verdadera historia; a la cual dando principio, digo así: Que, como es notorio, don Cristóbal Colón, primero almirante de estas Indias, las descubrió en tiempo de los Católicos reyes don Fernando y doña Isabel, abuelos de vuestra majestad, en el año de 1491 años, y vino a Barcelona en el de 1492, con los primeros indios y muestras de las riquezas, y noticias de este imperio occidental; el cual servicio hasta hoy es uno de los mayores que ningún vasallo pudo hacer a su príncipe, y tan útil a sus reinos como es notorio; y digo tan útil, porque hablando la verdad, yo no tengo por castellano ni buen español al hombre que esto desconociese. Pero porque aquesto está más particularmente dicho y escrito por mí donde he dicho, no quiero decir en esta materia otra cosa, sino, abreviando lo que de suso prometí, especificar algunas cosas, las cuales serán muy pocas, a respeto de los millares que de esta calidad se pueden decir. Y primeramente trataré del camino y navegación, y tras aquesto diré de la manera de gente que en aquellas partes habitan; y tras esto, de los animales terrestres y de las aves y de los ríos y fuentes y mares y pescados, y de las platas y yerbas y cosas que produce la tierra, y de algunos ritos y ceremonias de aquellas gentes salvajes. Pero porque ya yo estoy despachando para volver a aquella tierra e ir a servir a vuestra majestad en ella, si no fuere tan ordenado lo que aquí está contenido, ni por tanta regla dicho como me ofrezco que estará en el tratado que he dicho que tengo copioso de todo ello, no mire vuestra majestad en esto, sino en la novedad de lo que quiero decir, que es el fin con que a esto me muevo; lo cual digo y escribo por tanta verdad como ello es, como lo podrán decir muchos testigos fidedignos que en aquellas partes han estado, que viven en estos reinos, y otros que al presente en esta corte de vuestra majestad hoy están y aquí andan, que en aquellas partes viven.

Capítulo I. De la navegación

La navegación desde España que comúnmente se hace para las Indias, es desde Sevilla, donde vuestra majestad tiene su casa real de contratación para aquellas partes, y sus oficiales, de los cuales toman licencia los capitanes y maestres de las naos que aquel viaje hacen, y se embarcan en San Lúcar de Barrameda, donde el río de Guadalquivir entra en el mar Océano, y de allí siguen su derrota para las islas de Canaria, y comúnmente tocan a una de dos de aquellas siete, que son y es en Gran Canaria o en la Gomera; y allí los navíos toman refresco de agua y leña, y quesos y carnes frescas, y otras cosas, las que les parece que deben añadir sobre el principal bastimento, que ya desde España llevan. A estas islas, desde España, tardan comúnmente ocho días, poco más o menos; y llegados allí, han andado doscientas y cincuenta leguas. De las dichas islas, tornando a proseguir el camino, tardan los navíos veinticinco días, poco más o menos, hasta ver la primera tierra de las islas que están antes de la que llamamos Española; y la tierra que comúnmente se suele ver primero es una de las islas que llaman Todos Santos, Marigalante, la Deseada, Matitino, la Dominica, Guadalupe, San Cristóbal, etc., o alguna de las otras muchas que están con las susodichas. Pero algunas veces acaece que los navíos pasan sin ver ninguna de las dichas islas ni de cuantas en aquel paraje hay, hasta que ven la isla de San Juan, o la Española, o la de Jamaica, o la de Cuba, que están más adelante, o por ventura ninguna de todas ellas, hasta dar en la Tierra-Firme; pero aquesto acaece cuando el piloto no es diestro en la navegación. Pero haciéndose el viaje con marineros diestros, de los cuales ya hay muchos, siempre se reconoce una de las primeras islas que es dicho, y hasta allí se navegan novecientas leguas desde las islas de Canaria, o más; y de allí hasta llegar a la ciudad de Santo Domingo, que es en la isla Española, hay ciento y cincuenta leguas; así que desde España hasta allí hay mil y trescientas leguas; pero como se navegan bien, se andan mil y quinientas y más. Tárdase en el viaje comúnmente treinta y cinco o cuarenta días; esto lo más continuadamente, no tomando los extremos de los que tardan mucho más o llegan muy presto; porque allí no se ha de entender sino lo que las más veces acaece. La vuelta desde aquellas partes a éstas suele ser de algo más tiempo, así como hasta cincuenta días, poco más o menos. No obstante lo cual, en este presente año de 1525 han venido cuatro naos desde Santo Domingo a San Lúcar de España en veinte y cinco días; pero, como dicho es, no habemos de juzgar lo que raras veces se hace, sino lo que es más ordinario. Es la navegación muy segura y muy usada hasta la dicha isla; y desde ella a Tierra-Firme atraviesan las naos en cinco, y seis, y siete días, y más, según a la parte donde van guiadas; porque la dicha Tierra-Firme es muy grande, y hay diversas navegaciones y derrotas para ella. Pero la tierra que está más cerca de esta isla y está enfrente de Santo Domingo es aquesta. Todo esto es mejor remitirlo a las cartas de navegar y cosmografía nueva, la cual ignorada por Tolomeo y los antiguos, ninguna cosa de ella hablaron; pero porque aquesto no es menester para aquí, iré a las otras particularidades, donde me detendré más que en aquesto, que es más para la general historia que de estas Indias yo escribo, que no para este lugar.

Capítulo II. De la isla Española

La isla Española tiene de longitud, desde la punta de Higuey hasta el cabo del Tiburón, más de ciento y cincuenta leguas; y de latitud, desde la costa o playa de Navidad, que es norte, hasta cabo de Lobos, que es de la banda del sur, cincuenta leguas. Está la propia ciudad en diez y nueve grados a la parte del mediodía. Hay en esta isla muy hermosos ríos y fuentes, y algunos de ellos muy caudales, así como el de la Ozama, que es el que entra en la mar, en la ciudad de Santo Domingo; y otro, que se llama Reiva, que para cerca de la villa de San Juan de la Maguana, y otro que se dice Batibónico, y otro que se dice Bayna, y otro Nizao, y otros menores, que no curo de expresar. Hay en la isla un lago que comienza a dos leguas de la mar, cerca de la villa de la Yaguana, que tura quince leguas o más hacia el Oriente, y en algunas partes es ancho una, y dos, y tres leguas, y en las otras partes todas es más angosto mucho, y es salado en la mayor parte de él, y en algunas es dulce, en especial donde entran en él algunos ríos y fuentes. Pero la verdad es que es ojo de mar, la cual está muy cerca de él, y hay muchos pescados de diversas maneras en el dicho lago, en especial de grandes tiburones, que de la mar entran en él por debajo de tierra, o por aquel lugar o partes que por debajo de ella la mar espira y procrea el dicho lago, y esto es la mayor opinión de los que el dicho lago han visto. Aquesta isla fue muy poblada de indios, y hubo en ella dos reyes grandes, que fueron Caonabo y Guarionex, y después sucedió en el señorío Anacoana. Pero porque tampoco quiero decir la manera de la conquista, ni la causa de haberse apocado los indios, por no me detener ni decir lo que larga y verdaderamente tengo en otra parte escrito, y porque no es esto de lo que he de tratar, sino de otras particularidades de que vuestra majestad no debe tener tanta noticia, o se le pueden haber olvidado, resolviéndome en lo que de aquesta isla aquí pensé decir, digo que los indios que al presente hay son pocos, y los cristianos no son tantos cuantos debería haber, por causa que muchos de los que en aquella isla había se han pasado a las otras islas y Tierra-Firme; porque, además de ser los hombres amigos de novedades, los que a aquellas partes van, por la mayor parte son mancebos, y no obligados por matrimonio a residir en parte alguna; y porque como se han descubierto y descubren cada día otras tierras nuevas, paréceles que en las otras henchirían más aína la bolsa; y aunque así haya acaecido a algunos, los más se han engañado, en especial los que ya tenían casas y asientos en esta isla; porque sin ninguna duda yo creo, conformándome con el parecer de muchos, que si un príncipe no tuviese más señorío de aquesta isla sola, en breve tiempo sería tal, que ni le haría ventaja Sicilia ni Inglaterra, ni al presente hay de qué pueda tener envidia a ninguna de las que es dicho; antes lo que en la isla Española sobra podría hacer ricas a muchas provincias y reinos; porque, además de haber más ricas minas y de mejor oro que hasta hoy en parte del mundo en tanta cantidad se ha hallado ni descubierto, allí hay tanto algodón producido de la natura, que si se diese a lo labrar y curar de ello, más y mejor que en parte del mundo se haría. Allí hay tanta cañafístola y tan excelente, que ya trae a España en mucha cantidad, y desde ella se lleva y reparte por muchas partes del mundo; y vase aumentando tanto, que es cosa de admiración. En aquella isla hay muchos y muy ricos ingenios de azúcar, la cual es muy perfecta y buena; y tanta, que las naos vienen cargadas de ella cada un año. Allí todas las cosas que se siembran y cultivan de las que hay en España, se hacen muy mejor y en más cantidad que en parte de nuestra Europa; y aquellas se dejan de hacer y multiplicar, de las cuales los hombres se descuidan o no curan, porque quieren el tiempo que las han de esperar para le ocupar en otras ganancias y cosas que más presto hinchan la medida de los codiciosos, que no han gana de perseverar en aquellas partes. De esta causa no se dan a hacer pan ni a poner viñas, porque en aquel tiempo que estas cosas tardaran en dar fruto, las hallan en buenos precios y se las llevan las naos desde España; y labrando minas, o ejercitándose en la mercadería, o en pesquerías de perlas, o en otros ejercicios, como he dicho, más presto allegan hacienda de lo que la juntarían por la vía de sembrar el pan o poner las viñas; cuanto más que ya algunos, en especial quien piensa perseverar en la tierra, se dan a ponerlas. Asimismo hay muchas frutas naturales de la misma tierra, y de las que de España se han llevado, todas las que se han puesto se hacen muy bien. Y porque particularmente se tratará adelante de estas cosas que por su origen la misma isla y otras partes de las Indias se tenían, y hallaron en ellas los cristianos, digo de las que llevaron de España hay en aquella isla, en todos los tiempos del año, mucha y buena hortaliza de todas maneras, muchos ganados y buenos, muchos naranjos dulces y agrios, y muy hermosos limones y cidros y de todos estos agrios, muy gran cantidad; hay muchos higos todo el año, y muchas palmas y dátiles, y otros árboles y plantas que de España se han llevado. En esta isla ningún animal de cuatro pies había, sino dos maneras de animales muy pequeñicos, que se llaman jutía y cori, que son casi a manera de conejos. Todos los demás que hay al presente se han llevado de España, de los cuales no me parece que hay que hablar, pues de acá se llevaron, ni que se deba notar más principalmente que la mucha cantidad en que se han aumentado así el ganado vacuno como los otros; pero en especial las vacas, de las cuales hay tantas, que son muchos los señores de ganados que pasan de mil, y dos mil cabezas, y hartos que pasan de tres, y cuatro mil cabezas, y tal que llega a más de ocho mil. De quinientas y algunas más, o poco menos, son muchos los que las alcanzan; y la verdad es que la tierra es de los mejores pastos del mundo para semejante ganado, y de muy lindas aguas y templadores aires; y así, las reses son mayores y más hermosas mucho que todas las que hay en España; y como el tiempo en aquellas partes es suave y de ningún frío, nunca están flacas ni de mal sabor. Asimismo hay mucho ganado ovejuno, y puercos en gran cantidad, de los cuales y de las vacas muchos se han hecho salvajes; y asimismo muchos perros y gatos de los que se llevaron de España para servicio de los pobladores que allá han pasado, se fueron al monte, y hay muchos de ellos y muy malos, en especial perros, que se comen ya algunas reses por descuido de los pastores, que mal las guardan. Hay muchas yeguas y caballos, y todos los otros animales de que los hombres se sirven en España, que se han aumentado de los que desde ella se han llevado. Hay algunos pueblos, aunque pequeños, en la dicha isla, de los cuales no curaré de decir otra cosa sino que todos están en sitios y provincias que andando el tiempo crecerán y se ennoblecerán, en virtud de la fertilidad y abundancia de la tierra; pero del principal de ellos, que es la ciudad de Santo Domingo, más particularmente hablando, digo que cuanto a los edificios, ningún pueblo de España, tanto por tanto, aunque sea Barcelona, la cual yo he muy bien visto muchas veces, le hace ventaja generalmente; porque todas las casas de Santo Domingo son de piedra como las de Barcelona, por la mayor parte, o de tan hermosas tapias y tan fuertes, que es muy singular argamasa, y el asiento muy mejor que el de Barcelona, porque las calles son tanto y más llanas y muy más anchas, y sin comparación más derechas; porque como se ha fundado en nuestros tiempos, demás de la oportunidad y aparejo de la disposición para su fundamento, fue trazada con regla y compás, y a una medida las calles todas, en lo cual tiene mucha ventaja a todas las poblaciones que he visto. Tienen tan cerca la mar, que por una parte no hay entre ella y la ciudad más espacio de la ronda, y aquesta es de hasta cincuenta pasos de ancho donde más espacio se aparta, y por aquella parte baten las ondas en viva peña y costa brava; y por otra parte, al costado y pie de las casas pasa el río Ozama, que es maravilloso puerto, y surgen las naos cargadas junto a tierra debajo de las ventanas, y no más lejos de la boca por donde el río entra en la mar, de lo que hay desde el pie del cerro de Monjuich al monasterio de San Francisco o a la lonja de Barcelona; y en medio de este espacio está en la dicha ciudad la fortaleza y castillo, debajo del cual, y a veinte pasos de él, pasan las naos a surgir algo más adelante en el mismo río; y desde que las naos entran en él hasta que echan el áncora no se desvían de las casas de la ciudad treinta o cuarenta pasos, sino al luengo de ella, porque de aquella parte la población está junto al agua del río. Digo que de tal manera tan hermoso puerto ni de tal descargazón no se halla en mucha parte del mundo. Los vecinos que en esta ciudad puede haber, serán en número de setecientos, y de casas tales como he dicho, y algunas de particulares tan buenas, que cualquiera de los grandes de Castilla se podrían muy bien aposentar en ellas, y señaladamente la que el almirante don Diego Colón, visorey de vuestra majestad, allí tiene, es tal, que ninguna sé yo en España de un cuarto que tal le tenga, atentas las calidades de ella, así el asiento, que es sobre el dicho puerto, como en ser toda de piedra, y muy buenas piezas y muchas, y de la más hermosa vista de mar y tierra que ser puede; y para los otros cuartos que están por labrar de esta casa, tiene la disposición conforme a lo que está acabado, que es tanto, que, como he dicho, vuestra majestad podría estar tan bien aposentado como en una de las más cumplidas casas de Castilla. Hay asimismo una iglesia catedral, que ahora se labra, donde así el obispo como las dignidades y canónigos de ella están muy bien dotados; y según el aparejo que hay de materiales y la continuación de la labor, espérase que muy presto será acabada y asaz suntuosa, y de buena proporción y gentil edificio por lo que yo vi ya hecho de ella. Hay asimismo tres monasterios, que son Santo Domingo y San Francisco y Santa María de la Merced; asimismo de muy gentiles edificios, pero moderados, y no tan curiosos como los de España. Pero hablando sin perjuicio de ninguna casa de religiosos, puede vuestra majestad tener por cierto que en estas tres casas se sirve Dios mucho, porque verdaderamente hay en ellas santos religiosos y de grande ejemplo. Hay asimismo un gentil hospital, donde los pobres son recogidos y bien tratados, que el tesorero de vuestra majestad, Miguel de Pasamonte, fundó. Vase cada día aumentando y ennobleciendo esta ciudad, y siempre será mejor, así porque en ella reside el dicho almirante visorey, y la audiencia y cancillería real que vuestra majestad en aquellas partes tiene, como porque de los que en aquella isla viven, los más de los que más tienen, son vecinos de la dicha ciudad de Santo Domingo.

Capítulo III. De la gente natural de esta isla, y de otras particularidades de ella

La gente de esta isla es de estatura algo menor que la de España comúnmente, y de color loros claros. Tienen mujeres propias, y ninguno de ellos toma por mujer a su hija propia ni hermana, ni se echa con su madre; y en todos los grados usan con ellas siendo o no siendo mujeres. Tienen las frentes anchas y los cabellos negros y muy llanos, y ninguna barba ni pelos en ninguna parte de la persona, así los hombres como las mujeres; y cuando alguno o alguna tiene algo de esto, es entre mil uno y rarísimo: andan desnudos como nacieron, salvo que en las partes que menos se deben mostrar traen delante una pampanilla, que es un pedazo de lienzo o otra tela, tamaño como una mano; pero no con tanto aviso puesto, que se deje de ver cuanto tienen. Mas paréceme conveniente cosa, antes que adelante se proceda, decir la manera del pan y mantenimiento que estos indios de esta isla tienen, porque menos nos quede que decir en lo de Tierra-Firme; porque

cuanto a esta parte los unos y los otros tienen un mantenimiento.

Capítulo IV. Del pan de los indios, que hacen del maíz
En la dicha isla Española tienen los indios y los cristianos,
que después usan comer el pan de estos indios, dos maneras
de ello. La una es maíz, que es grano, y la otra cazabe, que
es raíz. El maíz se siembra y coge de esta manera: esto es un
grano que nace en unas mazorcas de un geme, y más y menos
longueza, llenas de granos casi tan gruesos como garbanzos;
y para los sembrar, lo que se hace primero es talar los cañave-
rales y monte donde lo quieren sembrar, porque la tierra donde nace yerba, y no árboles y cañas, no es tan fértil, y después
que se ha hecho aquella tala o roza, quémase, y después de
quemada la tierra que así se taló, queda de aquella ceniza un
temple a la tierra, mejor que si se estercolara; y toma el indio
un palo en la mano, tan alto como él, y da un golpe de punta
en tierra y sácale luego, y en aquel agujero que hizo echa
con la otra mano siete o ocho granos poco más o menos del
dicho maíz, y da luego otro paso adelante y hace lo mismo,
y de esta manera a compás prosigue hasta que llega al cabo
de la tierra que siembra, y va poniendo la dicha simiente;
y a los costados del tal indio van otros en ala haciendo lo
mismo, y de esta manera tornan a dar al contrario la vuelta
sembrando, y así continuándolo hasta que acaban. Este maíz
desde a pocos días nace, porque en cuatro meses se coge, y
alguno hay más temprano, que viene desde a tres; pero así
como va naciendo tienen cuidado de lo desherbar, hasta que
está tan alto, que va ya el maíz señoreando la yerba; y como
está ya bien crecido y comienza a granar, es menester ponerle
guarda, en lo cual los indios ocupan los muchachos, que a

este respecto hacen estar encima de los árboles y cadalsos que ellos hacen de cañas y de maderas, cubiertos por el agua y el Sol de suso, y desde allí dan grita y voces, ojeando los papagayos, que vienen muchos a comer los dichos maizales. Este pan tiene la caña o asta en que nace, tan gruesa como el dedo menor de la mano, y algo menos, y alguno algo más, y crece más alto comúnmente que la estatura del hombre, y la hoja es como la de la caña común de acá, salvo que es más luenga y más domable, y no tan áspera, pero no menos angosta. Echa cada caña una mazorca, en que hay doscientos, y trescientos, y quinientos, y muchos más y menos granos, según la grandeza de la mazorca, y algunas cañas echan dos y tres mazorcas, y cada mazorca está envuelta en tres o cuatro, o al menos en dos hojas o cáscaras juntas, y justas a ella, ásperas algo, y casi de la tez o género de las hojas de la caña en que nace, y está el grano envuelto de manera, que está muy guardado del Sol y del aire, y allí dentro se sazona, y como está seco se coge. Pero los papagayos y los monos gatos mucho daño hacen en ello, si no se guarda de los monos: en la isla seguros están, porque (como primero se dijo) ninguna cosa de cuatro pies, más de coris y jutías, no había en ella, y estos dos animales no lo comen; pero los puercos ahora hacen daño, y en la Tierra-Firme más, porque siempre los hubo salvajes, y muchos ciervos y gatos monos que comen los maizales. Y por tanto, así por las aves como por los animales, conviene haber vigilante y continua guarda en tanto que en el campo está el maíz; y esto se aprendió todo de los indios, y de la misma manera lo hacen los cristianos que en aquella tierra viven. Suele dar una hanega de sembradura veinte, y treinta, y cincuenta, y ochenta, y en algunas partes más de cien hanegas. Cogido este pan y puesto en casa, se come de esta manera: en las islas comíanlo en grano tostado, o estando tierno casi en leche; y después que los cristianos allí poblaron, dase a los caballos y bestias de que se sirven, y esles muy grande mantenimiento; pero en Tierra-Firme tienen otro uso de este pan los indios, y es de esta manera: las indias especialmente lo muelen en una piedra algo concavada, con otra redonda que en las manos traen, a fuerza de brazos, como suelen los pintores moler los colores, y echando de poco en poco poca agua, la cual así moliendo se mezcla con el maíz, y sale de allí una manera de pasta como masa, y toman un poco de aquello y envuél- venlo en una hoja de yerba, que ya ellos tienen para esto, o en una hoja de la caña del propio maíz o otra semejante, y échanlo en las brasas, y ásase, y endurécese, y tórnase como pan blanco y hace su corteza por desuso, y de dentro de este bollo está la miga algo más tierna que la corteza; y hase de comer caliente, porque estando frío ni tiene tan buen sabor ni es tan bueno de mascar, porque está más seco y áspero. Tam- bién estos bolos se cuecen, pero no tienen tan buen gusto; y este pan, después de cocido o asado, no se sostiene sino muy pocos días, y luego, desde a cuatro o cinco días, se mohece y no está de comer.

Capítulo V. Otra manera de pan que hacen los indios,
de una planta que llaman yuca

Hay otra manera de pan que se llama cazabe, que se hace de unas raíces de una planta que los indios llaman yuca; esto no es grano, sino planta, la cual es unas plantas que hacen unas varas más altas que un hombre, y tiene la hoja de la misma manera que el cáñamo, como una palma de una mano de un hombre, abiertos y tendidos los dedos; salvo que aquesta hoja es mayor y más gruesa que la del cáñamo, y toman para la sembrar esta rama de esta planta, y hácenla trozos tan

grandes como dos palmos, y algunos hombres hacen montones de tierra a trechos y por linderos en orden, como en este
reino de Toledo ponen las cepas de las viñas a compás, y en
cada montón ponen cinco o seis o más de aquellos palos de
esta planta; otros no curan de hacer montones, sino llana la
tierra, hincan a trechos estos plantones, pero primero han
rozado o talado y quemado el monte para sembrar la dicha
yuca, según se dijo en el capítulo del maíz, escrito antes de
éste, y desde a pocos días nace, porque luego prende; y así
como va creciendo la yuca, así van limpiando el terreno de
la yerba, hasta que esta planta señorea la dicha yerba; y esta
no tiene peligro de las aves, pero tiénele mucho de los puercos, si no es de la que mata, que ellos no osan comer, porque
reventarían comiéndola; pero hay otra que no mata, que es
menester guardarla a causa del hozar, porque el fruto de esto
nace en las raíces de las dichas plantas, entre las cuales se
hacen unas mazorcas como zanahorias gruesas y muy mayores comúnmente, y tienen una corteza áspera y casi la color
como leonada, entre parda, y de dentro está muy blanca, y
para hacer pan de ella, que llaman cazabe, rállanla, y después
aquello rallado, extrújanlo en un cibucan, que es una manera
de talega, de diez palmos o más de luengo, y gruesa como la
pierna, que los indios hacen de palmas, como estera tejida,
y con aquel dicho cibucan torciéndole mucho, como se suele
hacer cuando de las almendras majadas se quiere sacar la
leche, y aquel zumo que salió de esta yuca, y es mortífero y
potentísimo veneno, porque con un trago súbito mata; pero
aquello que quedó después de sacado el dicho zumo o agua
de la yuca, y que queda como un salvado liento, tómanlo, y
ponen al fuego una cazuela de barro llana, del tamaño que
quieren hacer el pan, y está muy caliente, y no hacen sino
desparcir de aquella cibera exprimida muy bien, sin que que-

de ningún zumo en ella, y luego se cuaja y se hace una torta del gordor que quieren, y del tamaño de la dicha cazuela en que la cuecen, y como está cuajada, sácanla y cúranla, poniéndola algunas veces al Sol, y después la comen, y es buen pan; pero es de saber que aquella agua que primero se dijo que había salido de la dicha yuca, dándole ciertos hervores y poniéndola al sereno ciertos días, se torna dulce, y se sirven y aprovechan de ella como de miel o otro licor dulce, para lo mezclar con otros manjares; y después también tornándola a hervir y serenar, se torna agrio aquel zumo, y sirve de vinagre en lo que le quieren usar y comer, sin peligro alguno. Este pan de cazabe se sostiene un año y más, y lo llevan de unas partes a otras muy lejos, sin se corromper ni dañar, y aun también por el mar es buen mantenimiento, y se navega con él por todas aquellas partes e islas y Tierra-Firme, sin que se dañe si no se moja. Esta yuca de este género, que el zumo de ella mata, como es dicho, la hay en gran cantidad en las islas de San Juan y Cuba y Jamaica y la Española; pero también hay otra que se llama boniata, que no mata el zumo de ella, antes se come la yuca asada, como zanahoria, y en vino y sin él, y es buen manjar; y en Tierra-Firme toda la yuca es de esta boniata, y yo la he comido muchas veces, como he dicho, porque en aquella tierra no curan de hacer cazabe de ella todos, sino algunos, y comúnmente la comen de la manera que he dicho, asada en el rescoldo de la brasa, y es muy buena. Pero la del zumo que mata es en las islas donde ha acaecido estar algún cacique o principal indio, y otros muchos con él, y por su voluntad matarse muchos juntos; y después que el principal, por exhortación del demonio, decía a todos los que se querían matar con él, las causas que le parecía para los atraer a su diabólico fin, tomaban sendos tragos del agua o zumo de yuca, y súbitamente morían todos, sin remedio alguno. Esta yuca no llega a su perfección ni está de coger hasta que pasan diez meses o un año que está sembrada, y cuando está de esta edad la comienzan de gastar o aprovecharse de ella.

Capítulo VI. De los mantenimientos de los indios,
allende del pan que es dicho

Pues se ha dicho del pan de los indios, dígase de los otros mantenimientos que en la dicha isla usaban, con que se sostenían, demás de las frutas y pescados; que esto está remitido adelante, por ser común en todas las Indias; pero allende de aquello, comían los indios aquellos cories y jutías de que atrás se hizo mención, y las jutías son casi como ratones, o tienen con ellos algún deudo o proximidad; y los cories son como conejos o gazapos chicos, y no hacen mal, y son muy lindos, y haylos blancos del todo, y algunos blancos y bermejos y de otras colores. Comían asimismo una manera de sierpes que en la vista son muy fieras y espantables, pero no hacen mal, ni está averiguado si son animal o pescado, porque ellas andan en el agua y en los árboles y por tierra, y tienen cuatro pies, y son mayores que conejos, y tienen la cola como lagarto, y la piel toda pintada, y de aquella manera de pellejo, aunque diverso y apartado en la pintura, y por el cerro o espinazo unas espinas levantadas, y agudos dientes y colmillos, y un papo muy largo y ancho, que le cuelga desde la barba al pecho, de la misma tez o suerte del otro cuero y callada, que ni gime ni grita ni suena, y estase atada a un pie de un arca, o donde quiera que la aten, sin hacer mal alguno ni ruido, diez, y quince, y veinte días sin comer ni beber cosa alguna; pero también les dan de comer algún poco cazabe o de otra cosa semejante, y lo comen, y es de cuatro pies, y tienen las manos largas, y cumplidos los dedos, y uñas largas como de ave, pero flacas, y no de presa, y es muy mejor de comer que de ver; porque pocos hombres habrá que la osen comer, si la ven viva (excepto aquellos que ya en aquella tierra son usados a pasar por ese temor y otros mayores en efecto; que aqueste no lo es sino en la apariencia). La carne de ella es tan buena o mejor que la del conejo, y es sana, pero no para los que han tenido el mal de la búas, porque aquellos que han sido tocados de esta enfermedad (aunque haya mucho tiempo que están sanos) les hace daño, y se quejan de este pasto los que lo han probado, según a muchos (que en sus personas lo podían con verdad experimentar) lo he yo muchas veces oído.

Capítulo VII. De las aves de la isla Española
De las aves que en esta isla hay no he hablado, pero digo que he andado más de ochenta leguas por la tierra, que hay desde la villa de la Yaguana a la ciudad de Santo Domingo, y he hecho este camino más de una vez, y en ninguna parte vi menos aves que en aquella isla; pero porque todas las que en ella vi, las hay en Tierra-Firme, yo diré en su lugar adelante más largamente lo que en este artículo o parte se debe especificar; solamente digo que gallinas de las de España hay muchas, y muy buenos capones. Y tampoco en lo que toca a las frutas naturales de la tierra y a otras plantas y yerbas, y a los pescados de mar y de agua dulce, no curaré de ponerlo aquí en esta relación de la Española, porque todo lo hay en la Tierra-Firme más copiosamente, y otras muchas cosas que adelante en su lugar se dirán.

Capítulo VIII. De la isla de Cuba y otras

De la isla de Cuba y de otras, que son San Juan y Jamaica, todas estas cosas que se han dicho de la gente y otras particularidades de la isla Española, se pueden decir, aunque no tan copiosamente, porque son menores; pero en todas ellas hay lo mismo, así en mineros de oro y cobre, y ganados y árboles y plantas, y pescados y todo lo que es dicho; pero tampoco en ninguna de estas otras islas había animal de cuatro pies, como en la Española, hasta que los cristianos los llevaron a ellas, y al presente en cada una hay mucha cantidad, y asimismo mucho azúcar y cañafístola, y todo lo demás que es dicho; pero hay en la dicha isla de Cuba una manera de perdices que son pequeñas, y son casi de especie de tórtolas en la pluma, pero muy mejores en el sabor, y tómanse en grandísimo número; y traídas vivas a casa y bravas, en tres o cuatro días andan tan domésticas como si en casa nacieran, y engordan en mucha manera; y sin duda es un manjar muy delicado en el sabor, y que yo le tengo por mejor que las perdices de España, porque no son de tan recia digestión. Pero dejado aparte todo lo que es dicho, dos cosas admirables hay en la dicha isla de Cuba, que a mi parecer jamás se oyeron ni escribieron. La una es, que hay un valle que tura dos o tres leguas entre dos sierras o montes, el cual está lleno de pelotas de lombardas guijeñas, y de género de piedra muy fuerte; y redondísimas, en tanta manera, que con ningún artificio se podrían hacer más iguales o redondas cada una, en el ser que tiene; y hay de ellas desde tan pequeñas como pelotas de escopeta, y de ahí adelante de más en más grosor creciendo; las hay tan gruesas como las quisieran para cualquier artillería, aunque sea para tiros que las demanden de un quintal, y de dos y más cantidad, y groseza cual la quisieren. Y hallan estas piedras en todo aquel valle, como minero de ellas, y cavando las sacan según que las quieren o han menester. La otra cosa es que en la dicha isla, y no muy desviado de la mar, sale de una montaña un licor o betún a manera de pez o brea, y muy suficiente y tal cual conviene para brear los navíos; de la cual materia, entrada en la mar continuamente mucha copia de ella, se andan sobre el agua grandes balsas o manchas, o cantidades encima de las ondas, de unas partes o otras, según las mueven los vientos, o como se menean y corren las aguas de la mar de aquella costa donde este betún o materia que es dicha anda.

Quinto Curcio, en su libro quinto, dice que Alejandro allegó a la ciudad de Memi, donde hay una gran caverna o cueva, en la cual está una fuente que mirabilmente desparce gran copia de betún; de manera que fácil cosa es creer que los muros de Babilonia pudiesen ser murados de betún, porque otro tal hay en la Nueva-España, que ha muy poco que se halló en la provincia que llaman Pánuco; el cual betún es muy mejor que el de Cuba, como se ha visto por experiencia, breando algunos navíos. Pero dejado aquesto aparte, y siguiendo el fin que me movió a escribir este repertorio, por reducir a la memoria algunas cosas notables de aquellas partes, y representarlas a vuestra majestad aunque no se me acordase de ellas por la orden, y tan copiosamente como las tengo escritas; antes que pase a hablar en Tierra-Firme, quiero decir aquí una manera de pescar que los indios de Cuba y Jamaica usan en la mar, y otra manera de caza y pesquería que también en estas dos islas los dichos indios de ellas hacen cuando cazan y pescan las ánsares bravas, y es de esta manera: hay unos pescados tan grandes como un palmo, o algo más, que se llama Peje reverso, feo al parecer, pero de grandísimo ánimo y entendimiento; el cual acaece que algunas veces, entre otros pescados, los toman en redes (de los cuales yo he comido muchos). Y los indios, cuando quieren guardar y criar algunos de éstos, tiénenlo en agua de la mar, y allí danle a comer, y cuando quieren pescar con él, llévanle a la mar en su canoa o barca, y tiénenlo allí en agua, y átanle una cuerda delgada, pero recia, y cuando ven algún pescado grande, así como tortuga o sábalo, que os hay grandes en aquellas mares, o otro cualquier que sea, que acaece andar sobre aguados o de manera que se pueden ver, el indio toma en la mano este pescado reverso y halágalo con la otra, diciéndole en su lengua que sea animoso y de buen corazón y diligente, y otras palabras exhortatorias a esfuerzo, y que mire que sea osado y aferre con el pescado mayor y mejor que allí viere; y cuando le parece, le suelta y lanza hacia donde los pescados andan, y el dicho reverso va como una saeta, y aferra por un costado con una tortuga, o en el vientre o donde puede, y pégase con ella o con otro pescado grande, o con el que quiere. El cual, como siente estar asido de aquel pequeño pescado, huye por la mar a una parte y a otra, y en tanto el indio no hace sino dar y alargar la cuerda de todo punto, la cual es de muchas brazas, y en el fin de ella va atado un corcho o un palo, o cosa ligera, por señal y que esté sobre el agua, y en poco proceso de tiempo, el pescado o tortuga grande con quien el dicho reverso se aferró, cansado, viene hacia la costa de tierra, y el indio comienza a tirar con tiento poco a poco, y tirar guiando el reverso y el pescado con quien está asido, hasta que se lleguen a la tierra, y como está a medio estado o uno; las ondas mismas de la mar lo echan para fuera, y el indio asimismo le aferra y saca hasta lo poner en seco; y cuando ya está fuera del agua el pescado preso, con mucho tiento, poco a poco, y dando por muchas palabras las gracias al reverso de lo que ha hecho y trabajado, lo depega del otro pescado grande que así tomó, y viene tan apretado y fijo con él, que si con fuerza lo despegase, lo rompería o despedazaría el dicho reverso; y es una tortuga de estas tan grande de las que así se toman, que dos indios y aun seis tienen harto que hacer en la llevar a cuestas hasta el pueblo, o otro pescado que tamaño o mayor sea, de los cuales el dicho reverso es verdugo o hurón para los tomar por la forma que es dicha. Este pescado reverso tiene unas escamas hechas a manera de gradas, o como es el paladar o mandíbula alta por de dentro de la boca del hombre o de un caballo, y por allí unas espinicas delgadísimas y ásperas y recias, con que se aferra con los pescados que él quiere, y estas escamas de espinicas tiene en la mayor parte del cuerpo por de fuera. Pasando a lo segundo, que de suso se tocó en el tomar de las ánsares bravas, sabrá vuestra majestad que al tiempo del paso de estas aves, pasan por aquellas islas muy grandes bandas de ellas, y son muy hermosas, porque son todas negras y los pechos y vientre blanco, y alrededor de los ojos unas berrugas redondas muy coloradas, que parecen muy verdaderos y finos corales, las cuales se juntan en el lagrimal y asimismo en el cabo del ojo, hacia el cuello, y de allí descienden por medio del pescuezo, por una línea o en derecho, unas de otras estas berrugas, hasta en número de seis o siete de ellas, o pocas más. Estas ánsares en mucha cantidad se asientan a par de unas grandes lagunas que en aquellas islas hay, y los indios que por allí cerca viven echan allí unas grandes calabazas vacías y redondas, que se andan por encima del agua, y el viento las lleva de unas partes a otras, y las trae hasta las orillas, y las ánsares al principio se escandalizan y levantan, y se apartan de allí, mirando las calabazas; pero como ven que no les hacen mal, poco a poco piérdenles el miedo, y de día en día, domesticándose con las

calabazas, descuídanse tanto, que se atreven a subir muchas
de las dichas ánsares encima de ellas, y así se andan a una
parte y a otra, según el aire las mueve; de forma que cuando
ya el indio conoce que las dichas ánsares están muy asegura-
das y domésticas de la vista y movimiento y uso de las calabazas, pónese una de ellas en la cabeza hasta los hombros, y
todo lo demás ya debajo del agua y por un agujero pequeño
mira adonde están las ánsares, y pónese junto a ellas, y luego
alguna salta encima, y como él lo siente, apártase muy paso,
si quiere, nadando sin ser entendido ni sentido de la que lleva
sobre sí ni de otra; porque ha de creer vuestra majestad que
en este caso del nadar tienen la mayor habilidad los indios,
que se puede pensar; y cuando está algo desviado de las otras
ánsares, y le parece que es tiempo, saca la mano y ásela por
las piernas y métela debajo del agua, y ahógala y pónesela en
la cinta, y torna de la misma manera a tomar otra y otras; y
de esta forma y arte toman los dichos indios mucha cantidad
de ellas. También sin se desviar de allí, así como se le asienta
encima, la toma como es dicho, y la mete debajo del agua, y
se la pone en la cinta, y las otras no se van ni espantan, porque piensan que aquellas tales, ellas mismas se hayan zam-
bullido por tomar algún pescado. Y aquesto basta, cuanto
a lo que toca a las islas, pues que en el trato y riquezas de
ellas, no aquí, sino en la historia que escribo general de ellas,
ninguna cosa está por escribir de lo que hasta hoy se sabe. Y
pasemos a lo que de Tierra-Firme puede colegir o acordarse
mi memoria; pero primero me ocurre una plaga que hay en
la Española y en otras islas que están pobladas de cristianos;
la cual ya no es tan ordinaria como fue en los principios que
aquellas islas se conquistaron; y es que a los hombres se les
hace en los pies entre cuero y carne, por industria de una
pulga, o cosa mucho menor que la más pequeña pulga, que

allí se entra, una bolsilla tan grande como un garbanzo, y se hinche de liendres, que es labor que aquella cosa hace, y cuando no se saca con tiempo, labra de manera y auméntase aquella generación de niguas (porque así se llama, nigua, este animalito), de forma que se pierden los hombres, de tullidos, y quedan mancos de los pies para siempre; que no es provecho de ellos.

Capítulo IX. De las cosas de la Tierra-Firme

Los indios de Tierra-Firme, cuanto a la disposición de las personas, son mayores algo y más hombres y mejor hechos que los de las islas. En algunas partes son belicosos, y en otras no tanto. Pelean con diversas armas y maneras, según en aquellas provincias o partes donde las usan. Cuanto a lo que toca a sus casamientos, es de la manera que se dijo que se casan en las islas, porque en Tierra-Firme tampoco se casan con sus hijas ni hermanas ni con su madre; y no quiero aquí decir ni hablar en la Nueva España, puesto que es parte de esta Tierra-Firme, porque aquello Hernando Cortés lo ha escrito según a él le ha parecido, y hecho relación por sus Cartas y más copiosamente. Yo lo tengo asimismo acumulado en mis Memoriales por información de muchos testigos de vista, como hombre que he deseado inquirir y saber lo cierto, desde que el capitán que primero envió el adelantado Diego Velázquez desde Cuba, llamado Francisco Hernández de Córdoba, descubrió, o mejor diciendo, tocó primero en aquella tierra (porque descubridor, hablando verdad, ninguno se puede decir, sino el almirante primero de las Indias don Cristóbal Colón, padre del almirante don Diego Colón, que hoy es, por cuyo aviso y causa los otros han ido o navegado por aquellas partes). Y tras el dicho capitán Francisco Hernández envió el dicho adelantado al capitán Juan de Grijalva, que vio más de aquella tierra y costa; del cual fueron aquellas muestras que a vuestra majestad envió a Barcelona el año de 1519 años el dicho adelantado Diego Velázquez; y el tercero que por mandado del dicho adelantado a aquella tierra pasó fue el dicho capitán Hernando Cortés. Esto todo y lo demás se hallará copiosamente en mi Tratado, o General historia Indias, cuando vuestra majestad fuere servido que salga a la luz. Así que, dejada la Nueva España aparte, diré aquí algo de lo que en esotras provincias, o a lo menos en aquellas de la gobernación de Castilla del Oro, se ha visto, y por aquellas costas de la mar del Norte y algo de la mar del Sur. Pero porque no es cosa para dejarse de notar una singular y admirable cosa que yo he colegido de la mar Océana, y de que hasta hoy ningún cosmógrafo ni piloto ni marinero ni algún natural me ha satisfecho; digo así, que como a vuestra majestad es notorio y a todos los que han noticia de las cosas de la mar, y han bien considerado alguna parte de sus operaciones, aqueste grande mar Océano echa de sí por la boca del estrecho de Gibraltar el Mediterráneo mar, en el cual las aguas, desde la boca del dicho estrecho hasta el fin del dicho mar del Levante, en ninguna costa ni parte de este mar Mediterráneo la mar mengua ni crece, para se guardar mareas o grandes menguantes o crecientes, sino en muy poquito espacio; y desde el dicho estrecho para fuera el dicho mar Océano crece y mengua en mucha manera y espacio de tierra, de seis en seis horas, la costa toda de España y Bretaña y Flandes y Alemania y costas de Inglaterra; y el mismo mar Océano en la Tierra-Firme a la costa que mira al norte, en más de tres mil leguas ni crece ni mengua, ni en las islas Española y Cuba y todas las otras que en el dicho mar y parte que mira al norte están opuestas, sino de la manera que lo hace en Italia el dicho Mediterráneo, que es casi ninguna cosa a respecto de lo que el dicho mismo mar hace en las dichas costas de España y Flandes. Y no obstante esto, el mismo mar Océano en la costa del mediodía o austral de la dicha Tierra-Firme, en Panamá y en la costa de ella opuesta a la parte de levante y de poniente de esta ciudad, y de la isla de las Perlas (que los indios llaman Terarequi), y en la de Taboga y en la de Otoque, y todas las otras de la dicha mar del Sur, crece y mengua tanto, que cuando se retrae casi se pierde de vista; lo cual yo he visto muchos millares de veces.

Note vuestra majestad otra cosa, que desde la mar del Norte hasta la mar del Sur, que tan diferente es la una de la otra, como es dicho en estas mareas, crecer y menguar, no hay de costa a costa por tierra más de diez y ocho o veinte leguas de través. Así que, pues todo es un mismo mar, cosa es por contemplar y especular los que a esto tuvieran inclinación y desearen saber este secreto; que yo, pues personas de abundantes letras no me han satisfecho ni sabido dar a entender la causa, bástame saber y creer que el que lo hace sabe eso y otras cosas muchas que no se conceden al entendimiento de los mortales, en especial a tan bajo ingenio como el mío. Los que le tienen mejor piensen por mí y por ellos lo que puede ser el verdadero entendimiento; que yo, en términos verdaderos y como testigo de vista, he puesto aquí la cuestión; y entretanto que se absuelve, tornando al propósito, digo que el río que los cristianos llaman San Juan, en Tierra-Firme, entra en el golfo de Urabá, donde llaman la Culata, por siete bocas; y cuando la mar se retrae aquello poco que he dicho que en esta costa del norte mengua por causa del dicho río, todo el dicho golfo de Urabá, que es doce leguas y más de luengo, y seis, y siete, y ocho de ancho, se torna dulce toda aquella mar, y está todo lo que es dicho, de agua para se poder beber. (Yo lo he probado estando surgido en una nave en siete brazas de agua, y más de una legua apartado de la costa.) Así que se puede bien creer que la grandeza del dicho río es muy grande. Pero éste ni otro de los que yo he visto ni oído ni leído hasta ahora, no se iguala con el río Marañón, que es a la parte del levante, en la misma costa; el cual tiene en la boca, cuando entra en la mar, cuarenta leguas, y más de otras tantas dentro en ella se coge agua dulce del dicho río. Esto oí yo muchas veces al piloto Vicente Yáñez Pinzón, que fue el primero de los cristianos que vido este río Marañón, y entró por él con una carabela más de veinte leguas, y halló en él muchas islas y gentes, y por llevar poca gente no osó saltar en tierra, y se tornó a salir del dicho río, y bien cuarenta leguas dentro en mar cogió agua dulce del dicho río; otros navíos le han visto, pero el que más supo de él es el que he dicho. Toda aquella costa es tierra de mucha brasil, y la gente, flecheros. Tornando al golfo de Urabá, desde él al poniente y a la parte del levante, es la costa alta, pero de diferentes lenguas y armas. Al poniente por esta costa los indios pelean con varas y macanas; las varas son arrojadizas, algunas de palmas y otras maderas recias, y agudas las puntas, y éstas tiran a pura fuerza de brazo; otras hay de carrizos o cañas derechas y ligeras, a las cuales ponen en las puntas un pedernal o una punta de otro palo recio ingerido, y estas tales tiran con amientos, que los indios llaman estorica. La macana es un palo algo más estrecho que cuatro dedos, y grueso, y con dos hilos, y alto como un hombre, o poco más o menos, según a cada uno place o a la medida de su fuerza, y son de palma o de otras maderas que hay fuertes, y con estas macanas pelean a dos manos y dan grandes golpes y heridas, a manera de palo machucado; y son tales, que aunque den sobre un yelmo harán desatinar a cualquiera hombre recio.

Estas gentes que aquestas armas usan, la más parte de ellas, aunque son belicosos, no lo son con mucha parte ni proporción, según los indios que usan el arco y las flechas; y éstos que son flecheros viven desde el dicho golfo de Urabá o punta que llaman de Caribana, a la parte del levante, y es también costa alta, y comen carne humana, y son abominables, sodomitas y crueles, y tiran sus flechas emponzoñadas de tal yerba, que por maravilla escapa hombre de los que hieren, antes mueren rabiando, comiéndose a pedazos y mordiendo la tierra. Desde esta Caribana, todo lo que costea la provincia del Cenú y de Cartagena y los Coronados y Santa María y la Sierra Nevada, y hasta el golfo de Cumaná y la Boca del Drago, y todas las islas que cerca de esta costa están, en más espacio de seiscientas leguas, todas o la mayor parte de los indios son flecheros y con yerba; y hasta ahora el remedio contra esta yerba no se sabe, aunque muchos cristianos han muerto con ella; pero porque dije Coronados, es bien que se diga por qué se llaman coronados, y es porque de hecho en cierta parte de la dicha costa todos los indios andan tresquilados y el cabello tan alto como le suelen tener los que ha tres meses que se raparon la cabeza, y en el medio de lo que así está crecido el cabello, una gran corona, como fraile de San Agustín que estuviese tresquilado, muy redonda. Todos estos indios coronados son recia gente y flecheros, y tienen hasta treinta leguas de costa, desde la punta de la Canoa arriba hasta el río Grande, que llaman Guadalquivir, cerca de Santa Marta; en el cual río, atravesando yo por aquella costa, cogí una pipa de agua dulce en el mismo río, después que estaba el río entrado en la mar más de seis leguas. La yerba de que aquestos indios usan la hacen, según algunos indios me han dicho, de unas manzanillas olorosas y de ciertas hormigas grandes, de que adelante se hará mención, y de víboras y ala-

cranes y otras ponzoñas que ellos mezclan, y la hacen negra
que parece cera-pez muy negra; de la cual yerba yo hice quemar en Santa Marta, en un lugar dos leguas o más la tierra
adentro, con muchas saetas de munición, gran cantidad, el
año de 1514, con toda la casa o bohío en que estaba la dicha
munición, al tiempo que allí la armada que con Pedrarias
de Ávila envió a la dicha Tierra-Firme el Católico rey don
Fernando, que en gloria está. Pero porque atrás se dijo que
en la manera del comer y bastimentos casi los indios de las
islas y de Tierra-Firme se sustentaban de una manera, digo
que cuanto al pan así es verdad, y cuanto a la mayor parte
de las frutas y pescados; pero comúnmente en Tierra-Firme
hay más frutas y creo que más diferencias de pescados, y
hay muchos y muy extraños animales y aves; pero antes que
a esas particularidades se proceda me parece que será bien
decir alguna cosa de las poblaciones y moradores y casas y
ceremonias de los indios, y de ahí iré discurriendo por las
otras cosas que se me acordaren de aquella gente y tierra.

Capítulo X. De los indios de Tierra-Firme y de sus
costumbres y ritos y ceremonias

Estos indios de Tierra-Firme son de la misma estatura y color
que los de las islas, y si alguna diferencia hay es antes declinando a mayores que no a menores, en especial los que atrás
dije que eran coronados, que son recios y grandes sin duda
más que los otros todos que por aquellas partes he visto,
excepto los de las islas de los Gigantes, que están puestos a
la parte del mediodía de la isla Española, cerca de la costa
de Tierra-Firme. Y asimismo otros que llaman los yucayos,
que están puestos a la banda del norte, y los unos y los otros
de estas dos partes señaladamente, aunque no son gigantes,

sin duda son la mayor gente de los indios que hasta ahora se sabe, y son mayores que los alemanes comúnmente, y en especial muchos de ellos, así hombres como mujeres, son muy altos, y ellos y ellas flecheros, pero no tiran con yerba.

En Tierra-Firme el principal señor se llama en algunas partes quevi, y en otras cacique, y en otras de otra manera, porque hay muy diversas y apartadas lenguas entre aquellas gentes. Pero en una gran provincia de Castilla del Oro, que se llama Cueva, hablan y tienen mejor lengua mucho que en otras partes, y en aquella es donde los cristianos están más enseñoreados; y toda la dicha lengua de Cueva, o la mayor parte la tienen sojuzgada. En la cual provincia llaman al que es hombre principal, que tiene vasallos y es inferior del cacique, saco; y aquesto saco tiene otros muchos indios a él sujetos, que tienen tierra y lugares, que se llaman cabra, que son como caballeros o hombres hijosdalgo, separados de la gente común, y más principales que los otros del vulgo, y mandan a los otros; pero el cacique y el saco y el cabra tienen sus nombres propios, y asimismo las provincias y ríos y valles o asientos do viven tienen sus nombres particulares. Pero la manera de cómo un indio, que es de la gente común, sube a ser cabra y alcanza este nombre o hidalguía es que, cuando quier que en alguna batalla de un cacique o señor contra otro se señala algún indio y sale herido, luego el señor principal le llama cabra, y le da gente que mande, y le da tierra o mujer, o le hace otra merced señalada por lo que obró aquel día, y dende en adelante es más honrado que los otros, y es separado y apartado del vulgo y gente común, y sus hijos de éste, varones, suceden en la hidalguía y se llaman cabras, y son obligados a usar la milicia y arte de la guerra, y a la mujer del tal, demás de su nombre propio, la llaman espave, que quiere decir señora; y asimismo a las mujeres de los caciques y principales las llaman espaves. Estos indios tienen sus asientos, algunos cerca de la mar, y otros cerca del río o quebrada de agua, donde haya arroyos y pesquerías, porque comúnmente su principal mantenimiento y más ordinario es el pescado, así porque son muy inclinados a ello, como porque más fácilmente lo pueden haber en abundancia, mejor que las salvajinas de puercos y ciervos, que también matan y comen. La forma de cómo pescan es con redes, porque las tienen y saben hacer muy buenas de algodón, de lo cual natura los proveyó largamente, y hay muchos bosques y montes llenos; pero lo que ellos quieren hacer más blanco y mejor, cúranlo y plántanlo en sus asientos junto a sus casas o lugares donde viven. Y los venados y puercos ármanlos con cepos y otros armadijos de redes, donde caen, y a veces montean y ojéanlos, y con cantidad de gente los atajan y reducen a lugar que los pueden, con saetas y varas arrojadas, matar; y después de muertos, como no tienen cuchillos para los desollar, cuartéanlos y hácenlos partes con piedras y pedernales, y ásanlos sobre unos palos que ponen, a manera de parrillas o trébedes, en hueco, que ellos llaman barbacoas, y la lumbre debajo, y de aquesta misma manera asan el pescado; porque como la tierra está en clima que naturalmente es calurosa, aunque es templada por la Providencia divina, presto se daña el pescado o la carne que no se asa el día que muere.

Dije que es la tierra naturalmente calurosa y por la providencia de Dios templada; es de aquesta manera; no sin causa los antiguos tuvieron que la tórrida zona, por donde pasa la línea Equinoccial, era inhabitable, por tener el Sol más dominio allí que en otra parte de la esfera y estar justamente entre ambos trópicos de Cáncer y Capricornio; y así, por vista de ojos se ve que la superficie de la tierra hasta un estado de un hombre está templada, y en aquella cantidad los árboles y plantas prenden, y de allí adelante no pasan sus raíces; antes en aquel espacio se tienden y encepan y desaparecen y hacen tamaña o mayor ocupación con las raíces de lo que de suso ocupan con las ramas, y no entran a lo hondo ni más adelante las dichas raíces, porque de aquella cantidad o espacio para abajo está la tierra calidísima, y esta superficie está templada y húmeda mucho, así por las muchas aguas que en aquella tierra caen del cielo (en sus tiempos ordenados y entre el año), como por la mucha cantidad de ríos grandísimos y arroyos y fuentes y paludes, de que proveyó aquella tierra aquel soberano Señor que la formó, y con muchas sierras y montañas altas, y muy lindos y templados aires y suaves serenas las noches: de las cuales particularidades, ignorantes del todo los antiguos, decían ser inhabitable naturalmente la dicha tórrida zona y Equinoccial línea. Todo esto depongo y afirmo como testigo de vista, y se me puede mejor creer que a los que por conjeturas, sin lo ver, tenían contraria opinión.

Está la costa del norte en el dicho golfo de Urabá y en el puerto del Darién, adonde desde España van los navíos, en siete grados y medio, y en siete y aun en menos, y de éstas hay pocas. Y lo que de esta tierra y nueva parte del mundo está puesto más al oriente es el cabo de San Agustín, el cual está en ocho grados.

Así que el dicho golfo de Urabá está apartado de la dicha línea Equinoccial desde ciento y veinte hasta ciento y treinta leguas y tres cuartos de legua, a razón de diez y siete leguas y media que se cuentan por grado de polo a polo, y así poco más o menos toda la costa. De la cual causa en la ciudad de Santa María del Antigua del Darién y en todo aquel paraje del sobredicho golfo de Urabá, todo el tiempo del mundo son los días y las noches del todo iguales, y aquesta diferencia o poco que queda hasta la Equinoccial es tan poco espacio en veinte y cuatro horas, que es un día natural, que no se conoce ni lo pueden alcanzar sino los especulativos y personas que entienden el esfera; y está allí el norte muy abajo, y cuando las guardas están en el pie, no se pueden ver, porque están debajo del horizonte; pero porque aquesto no es para más decir el sitio de la tierra, vamos a las otras particularidades de mi intención y deseo con que esta relación se comenzó. Dije de suso que en sus tiempos ordenados en aquella tierra llovía, y así es la verdad, porque hay invierno y verano al contrario que en España, porque aquí es de lo más recio del invierno diciembre y enero, así en hielos como en lluvias, y el verano es (o el tiempo de más calor) por San Juan y mes de julio; así al opósito en Castilla del Oro es el verano y tiempo más enjuto y sin aguas por Navidad y un mes antes y otro después, y el tiempo que allá cargan las aguas es por San Juan y un mes antes y otro después, y aquello se llama allá invierno, no porque entonces haya más frío ni por Navidad más calor (pues en esta parte siempre es el tiempo de una manera), pero porque en aquella sazón de las aguas no se ve el Sol así ordinariamente, y parece que aquel tiempo de las aguas encoge la gente y les pone frío sin que le haya.

Los caciques y señores que son de esta gente tienen y toman cuantas mujeres quieren, y si las pueden haber que les contenten y bien dispuestas, siendo mujeres de linaje, hijas de hombres principales de su nación y lengua, porque de extraños no las toman ni quieren, aquéllas escogen y tienen; pero cuando de tales no hay, toman las que mejor les parecen, y el primer hijo que han, siendo varón, aquel sucede en el estado, y faltándole hijos, heredan las hijas mayores, y aquéllas casan ellos con sus principales vasallos. Pero si del hijo mayor quedaron hijas, y no hijos, no heredan aquéllas, sino los hijos varones de la segunda hija, porque aquélla ya saben que es forzosamente de su generación. Así que el hijo de mi hermana indubitadamente es mi sobrino, y el hijo o hija de mi hermano puédese poner en duda. Las otras gentes toman sendas mujeres no más, y aquéllas algunas veces las dejan, y toman otras, pero acaece pocas veces; ni tampoco para esto es menester mucha ocasión, sino la voluntad de uno o de entrambos, en especial cuando no paren; y comúnmente son buenas de su persona; pero también hay muchas que de grado se conceden a quien las quiere, en especial las que son principales, las cuales ellas mismas dicen que las mujeres nobles y señoras no han de negar ninguna cosa que se les pida, sino las villanas. Pero asimismo tienen respeto las tales a no se mezclar con gente común, excepto si es cristiano, porque como los conocen por muy hombres, a todos los tienen por nobles comúnmente, aunque no dejan de conocer la diferencia y ventaja que hay entre los cristianos de unos a otros, en especial a los gobernadores y personas que ellas ven que mandan a los otros hombres, mucho los acatan, y por honradas se tienen mucho cuando alguno de los tales las quisieren bien; y muchas de ellas, después que conocen algún cristiano carnalmente, le guardan lealtad si no está mucho tiempo apartado o ausente, porque ellas no tienen fin a ser viudas, ni religiosas que guarden castidad. Tienen muchas de ellas por costumbre que cuando se empreñan toman una yerba con que luego mueven y lanzan la preñez, porque dicen que las viejas han de parir, que ellas no quieren estar ocupadas para dejar sus placeres, ni empreñarse, para que pariendo se les aflojen las tetas, de las cuales mucho se precian, y las tienen muy buenas; pero cuando paren se van al río y se lavan, y la sangre y purgación luego les cesa, y pocos días dejan de hacer ejercicio por causa de haber parido, antes se cierran de manera, que, según dicen los que a ellas se dan, son tan estrechas mujeres, que con pena los varones consumen sus apetitos, y las que no han parido están que parecen casi vírgenes. En algunas partes ellas traen unas mantillas desde la cinta hasta la rodilla rodeadas, que cubren sus partes menos honestas, y todo lo demás en cueros, según nacieron; y los hombres traen un canuto de oro los principales, y los otros hombres sendos caracoles, en que traen metido el miembro viril, y lo demás descubierto, porque los testigos próximos a tal lugar les parece a los indios que son cosa de que no se deben avergonzar; y en muchas provincias ni ellos ni ellas traen cosa alguna en aquellos lugares ni en parte otra de toda la persona. Llaman a la mujer ira en la provincia de Cueva, y al hombre chui. Este vocablo ira dado allí a la mujer, paréceme que no le es muy desconveniente a la mujer, ni fuera de propósito a muchas de ellas acullá ni a algunas acá. Las diferencias sobre que los indios riñen y vienen a la batalla son sobre cuál tendrá más tierra y señorío, y a los que pueden matar matan, y algunas veces prenden y los hierran y se sirven de ellos por esclavos, y cada señor tiene su hierro conocido; y así, hierran a los dichos esclavos, y algunos señores sacan un diente de los delanteros al que toman por esclavo, y aquello es su señal. Los caribes flecheros, que son los de Cartagena y la mayor parte de aquella costa, comen carne humana, y no toman esclavos ni quieren a vida ninguno de sus contrarios o extraños, y todos los que matan se los comen, y las mujeres que toman sírvense de ellas, y los hijos que paren (si por caso algún caribe se echa con las tales) cómenselos después; y los muchachos que toman de los extraños, cápanlos y engórdanlos y cómenselos. Para pelear o para ser gentiles hombres píntanse con jangua, que es un árbol de que adelante se dirá, de que hacen una tinta negra, y con bija, que es una cosa colorada, de que hacen pelotas como de almagro; pero la bija es de más fina color; y páranse muy feos y de diferentes pinturas la cara y todas las partes que quieren de sus personas; y esta bija es muy mala de quitar hasta que pasan muchos días, y aprieta mucho las carnes, y hállanse bien con ella, demás de parecerles a los indios que es una muy hermosa pintura.

Para comenzar sus batallas, o para pelear, y para otras cosas muchas que los indios quieren hacer, tienen unos hombres señalados, y que ellos mucho acatan, y al que es de estos tales llámanle tequina; no obstante que a cualquiera que es señalado en cualquier arte, así como en ser mejor montero o pescador, o hacer mejor una red o un arco o otra cosa, le llaman tequina; y quiere decir tequina tanto como maestro. Así que el que es maestro de sus responsiones e inteligencias con el diablo, llámanle tequina; y este tequina habla con el diablo y ha de él sus respuestas, y les dice lo que han de hacer, y lo que será mañana o desde a muchos días; porque como el diablo sea tan antiguo astrólogo, conoce el tiempo y mira adónde van las cosas encaminadas, y las guía la natura; y así, por el efecto que naturalmente se espera, les da noticia de lo que será adelante, y les da a entender que por su deidad, o que como señor de todos y movedor de todo lo que es y será, sabe las cosas por venir y que están por pasar; y que él atruena, y hace Sol, y llueve, y guía los tiempos, y les quita o les da los mantenimientos: los cuales dichos indios, engañados por él de haber visto que en efecto les ha dicho muchas cosas que estaban por pasar y salieron ciertas, créenle en todo lo demás, y témenle y acátanle, y hácenle sacrificios en muchas partes de sangre y vidas humanas, y en otras de sahumerios aromáticos y de buen olor, y de malos también; y cuando Dios dispone lo contrario de lo que el diablo les ha dicho y les miente, dales a entender que él ha mudado la sentencia por algún enojo, o por otro achaque o mentira, cual a él le parece, como quiera que es suficientísimo maestro para las ordenar, y engañar las gentes, en especial a los que tan pobres de defensa están con tan grande adversario. Claramente dicen que el tuyra los habla, porque así llaman al demonio; y a los cristianos en algunas partes asimismo los llaman tuyras, creyendo que por aquel nombre los oran más y loan mucho; y en la verdad buen nombre, o mejor diciendo, conveniente, dan a algunos, y bien les está tal apellido, porque han pasado a aquellas partes personas que, pospuestas sus conciencias y el temor de la justicia divina y humana, han hecho cosas, no de hombres, sino de dragones y de infieles, pues sin advertir ni tener respeto alguno humano, han sido causa que muchos indios que se pudieran convertir y salvarse, muriesen por diversas formas y maneras; y en caso que no se convirtieran los tales que así murieron, pudieran ser útiles, viviendo, para el servicio de vuestra majestad, y provecho y utilidad de los cristianos, y no se despoblara totalmente alguna parte de la tierra, que de esta causa está casi yermo de gente, y los que han sido causa de aquesto daño llaman pacificado a lo despoblado; y yo, más que pacífico, lo llamo destruido; pero en esta parte satisfecho está Dios y el mundo de la santa intención y obra de vuestra majestad en lo de hasta aquí, pues con acuerdo de muchos teólogos y juristas y personas de altos entendimientos, ha proveído y remediado con su justicia todo lo que ha sido posible, y mucho más con la nueva reformación de su real consejo de Indias, donde tales prelados y de tales letras, y con ellos, tan doctos varones, canonistas y legistas, y que en ciencia y conciencia los unos y los otros tanta parte tienen, espero en Jesucristo que todo lo que hasta aquí ha habido errado por los que a aquellas partes han pasado, se enmendará con su prudencia, y lo por venir se acertará de manera que nuestro Señor sea muy servido, y vuestra majestad por el semejante, y aquestos sus reinos de España muy enriquecidos y aumentados por respecto de aquella tierra, pues tan riquísima la hizo Dios, y os la tuvo guardada desde que la formó, para hacer a vuestra majestad universal y único monarca en el mundo.

Tornando al propósito del tequina que los indios tienen, y está para hablar con el diablo, y por cuya mano y consejo se hacen aquellos diabólicos sacrificios y ritos y ceremonias de los indios, digo que los antiguos romanos, ni los griegos, ni los troyanos, ni Alejandro, ni Darío, ni otros príncipes antiguos, por no católicos estuvieron fuera de estos errores y supersticiones, pues tan gobernados eran de aquellos arúspices o adivinos, y tan sujetos a los errores y vanidades y conjeturas de sus locos sacrificios, en los cuales interviniendo el diablo algunas veces, acertaban y decían algo de lo que sucedía después, sin saber de ello ninguna cosa ni certinidad más de lo que aquel común adversario de natura humana les enseñaba, para los traer y allegar a su perdición y muerte; y así por consiguiente, cuando el sacrificio faltaba, se excusaban o ponían cautelosas y equívocas respuestas, diciendo que los dioses (vanos) que adoraban estaban indignados, etc.

Después que vuestra majestad está en esta ciudad de Toledo, llegó aquí en el mes de noviembre el piloto Esteban Gómez, el cual, en el año pasado de 1524, por mandado de vuestra majestad, fue a la parte del norte, y halló mucha tierra continuada con la que se llama de los Bacallaos, discurriendo al occidente, y puesta en cuarenta grados y cuarenta y uno, y así, algo más y algo menos, de donde trajo algunos indios, y los hay de ellos al presente en esta ciudad, los cuales son de mayor estatura que los de la Tierra-Firme, según lo que de ellos parece común, y porque el dicho piloto dice que vio muchos de ellos y que son así todos; la color es así como los de Tierra-Firme, y son grandes flecheros, y andan cubiertos de cueros de venados y otros animales, y hay en aquella tierra excelentes martas cebellinas y otros ricos enforros, y de estas pieles trajo algunas el dicho piloto. Tienen plata y cobre, según estos indios dicen y lo dan a entender por señas, y adoran el Sol y la Luna; y así tendrán otras idolatrías y errores como los de Tierra-Firme, etc.

Dejado esto, y tornando a continuar en las costumbres y errores de los indios, es de saber que en muchas partes de la Tierra-Firme, cuando algún cacique o señor principal se muere, todos los más familiares y domésticos criados y mujeres de su casa que continuo le servían, se matan; porque tienen por opinión, y así se lo tiene dado a entender el tuyra, que el que se mata cuando el cacique muere, que va con él al cielo, y allá le sirve de darle de comer o a beber, o está allá arriba para siempre ejercitando aquel mismo oficio que acá, viviendo, tenía en casa del tal cacique; y que el que aquesto no hace, que cuando muere por otra causa o de su muerte natural, que también muere su ánima como su cuerpo; y que todos los otros indios y vasallos del dicho cacique, cuando se mueren, que también, según es dicho, mueren sus ánimas con el cuerpo; y así, se acaban y convierten en aire, y o en no ser alguna cosa, como el puerco, o el ave, o el pescado, o otra cualquiera cosa animada; y que aquesta preeminencia tienen y gozan solamente los criados y familiares que servían al señor y cacique principal en su casa o en algún servicio; y de aquesta falsa opinión viene que también los que entendían en le sembrar el pan y cogerlo, que por gozar de aquella prerrogativa se matan, y hacen enterrar consigo un poco de maíz y una macana pequeña; y dicen los indios que aquello se lleva para que si en el cielo faltare simiente, que no le falte aquello poco para principio de su ejercicio, hasta que el tuyra, que todas estas maldades les da a entender, los proveyese de más cantidad de simiente. Esto experimenté yo bien, porque encima de las sierras de Guaturo, teniendo preso al cacique de aquella provincia, que se había rebelado del servicio de vuestra majestad, le pregunté que ciertas sepulturas que estaban dentro de una casa suya, cúyas eran; y dijo que de unos indios que se habían muerto cuando el cacique su padre murió; y porque muchas veces suelen enterrarse con mucha cantidad de oro labrado, hice abrir dos sepulturas, y hallose dentro de ellas el maíz y macana que de suso se dijo; y preguntada la causa, el dicho cacique y otros sus indios dijeron que aquellos que allí habían sido enterrados eran labradores, personas que sabían sembrar y coger muy bien el pan, y eran sus criados y de su padre, y que porque no muriesen sus ánimas con los cuerpos, se habían muerto cuando murió su padre, y tenían aquel maíz y macanas para lo sembrar en el cielo, etc. A lo cual yo le repliqué que mirase cómo el tuyra los engañaba, y todo lo que les daba a entender era mentira, pues que a cabo de mucho tiempo que aquéllos eran muertos nunca se habían llevado el maíz ni la macana, y se estaba allí podrido, y que ya no valía nada, ni habían sembrado nada en el cielo. A esto dijo el cacique que si no lo habían llevado sería porque, por haber hallado mucho en el cielo, no habría sido necesario aquello. A este error se le dijeron muchas cosas, las cuales aprovechan poco para sacarlos de sus errores, en especial cuando ya son hombres de edad, según el diablo los tiene ya enlazados; al cual, así como les suele parecer cuando les habla, de aquella misma manera lo pintan de colores y de muchas maneras; asimismo lo hacen de oro de relieve y entallado en madera, y muy espantable siempre feo, y tan diverso como le suelen acá pintar los pintores a los pies de San Miguel Arcángel o de San Bartolomé, o en otra parte donde más temeroso le quieren figurar. Asimismo, cuando el demonio los quiere espantar, promételes el huracán, que quiere decir tempestad; la cual hace tan grande, que derriba casas y arranca muchos y muy grandes árboles; y yo he visto en montes muy espesos y de grandísimos árboles, en espacio de media legua, y de un cuarto de legua continuado, estar todo el monte trastornado, y derribados todos los árboles chicos, y grandes, y las raíces de muchos de ellos para arriba, y tan espantosa cosa de ver, que sin duda parecía cosa del diablo, y no de poderse mirar sin mucho espanto. En este caso deben contemplar los cristianos con mucha razón que todas las partes donde el Santo Sacramento se ha puesto, nunca ha habido los dichos huracanes y tempestades grandes con grandísima cantidad, ni que sean peligrosas como solía. Asimismo en la dicha Tierra-Firme acostumbran entre los caciques, en algunas partes de ella, que, cuando mueren, toman el cuerpo del cacique y asiéntanle en una piedra, o leño, y en torno de él, muy cerca, sin que la brasa ni la llama toque en la carne del difunto, tiene muy gran fuego y muy continuo hasta tanto que toda la grasa y humedad se sale por las uñas de los pies y de las manos, y se va en sudor y se enjuga de manera, que el cuero se junta con los huesos, y toda la pulpa y carne se consume; y desde así enjuto está, sin lo abrir (ni es menester) lo ponen en una parte que en su casa tienen apartada, junto al cuerpo de su padre del tal cacique, que de la misma manera está puesto; y así, viendo la cantidad y número de los muertos, se conoce qué tantos señores ha habido en aquel estado, y cuál fue hijo del otro, que están puestos así por orden. Bueno es de creer que el que de estos caciques murió en alguna batalla de mar o de tierra, y que quedó en parte que los suyos no pudieron tomar su cuerpo y llevarlo a su tierra para lo poner con los otros caciques, que faltara del número;

y para esto y suplir la memoria y falta de las letras (pues no las tienen), luego hacen que sus hijos aprendan y sepan muy de coro la manera de la muerte de los que murieron de forma que no pudieron ser allí puestos, y así lo cantan en sus cantares, que ellos llaman areitos. Pero pues dije de suso que no tenían letras, antes que se me olvide de decir lo que de ellas se espantan, digo que, cuando algún cristiano escribe con algún indio a alguna persona que esté en otra parte o lejos de donde se escribe la carta, ellos están admirados en mucha manera de ver que la carta dice acullá, lo que el cristiano que la envía quiere, y llévanla con tanto respeto o guarda, que les parece que también sabrá decir la carta lo que por el camino le acaece al que la lleva; y algunas veces piensan algunos de los menos entendidos de ellos, que tiene ánima.

Tornando al areito, digo que el areito es de esta manera: cuando quieren haber placer y cantar, júntase mucha compañía de hombres y mujeres, y tomándose de las manos mezclados, y guía uno, y dícenle que sea él el de la tequina, id est, el maestro; y este que ha de guiar, ahora sea hombre, ahora sea mujer, da ciertos pasos adelante y ciertos atrás, a manera propia de contrapás, y anda en torno de esta manera, y dice cantando en voz baja o algo moderada lo que se le antoja, y concierta la medida de lo que dice con los pasos que anda dando; y como él lo dice, respóndele la multitud de todos los que en el contrapás o areito andan lo mismo, y con los mismos pasos y orden juntamente en tono más alto; y dúrales tres y cuatro y más horas, y aun desde un día hasta otro, y en este medio tiempo andan otras personas detrás de ellos dándoles a beber un vino que ellos llaman chicha, del cual adelante será hecha mención; y beben tanto, que muchas veces se tornan tan beodos, que quedan sin sentido; y en aquellas borracheras dicen cómo murieron los caciques, según de suso se tocó, y también otras cosas como se les antoja; y ordenan muchas veces sus traiciones contra quienes ellos quieren, algunas veces se remudan los tequinas o maestro que guía la danza, y aquel que de nuevo guía la danza muda el tono y el contrapás y las palabras. Esta manera de baile cantando, según es dicho, parece mucho a la forma de los cantares que usan los labradores y gentes de pueblos cuando en el verano se juntan con los panderos, hombres y mujeres, a sus solaces; y en Flandes he visto también esta forma o modo de cantar bailando; y porque no se pase de la memoria qué cosa es aquella chicha o vino que beben, y cómo se hace, digo que toman el grano del maíz según en la cantidad que quieren hacer la chicha, y pónenlo en remojo, y está así hasta que comienza a brotar, y se hincha, y nacen unos cogollicos por aquella parte que el grano estuvo pegado en la mazorca que se crió, y desque está así sazonado, cuécenlo en agua, y después que ha dado ciertos hervores, sacan la caldera o la olla en que se cuece, del fuego, y repósase, y aquel día no está para beber; pero el segundo se comienza a asentar y a beber, y el tercero está bueno, porque está de todo punto asentado, y el cuarto día muy mejor, y pasando el quinto día se comienza a acedar, y el sexto más, y el séptimo no está para beber; y de esta causa siempre hacen la cantidad que basta hasta que se dañe; pero en el tiempo que ello está bueno, digo que es de muy mejor sabor que la sidra o vino de manzanas, y a mi gusto y al de muchos, que la cerveza, y es muy sano y templado; y los indios tienen por muy principal mantenimiento aqueste brebaje, y es la cosa del mundo que más sanos y gordos los tiene.

Las casas en que estos indios viven son de diversas maneras, porque algunas son redondas como un pabellón, y esta manera de casa se llama caney. En la isla Española hay otra manera de casas, que son hechas a dos aguas, y a éstas llaman en Tierra-Firme bohío; y las unas y las otras son de muy buenas maderas, y las paredes de cañas atadas con bejucos, que son unas venas o correas redondas, que nacen colgadas de grandes árboles y abrazadas con ellos, y las hay tan gruesas y delgadas como las quieren, y algunas veces las hienden y hacen tales como las han menester para atar las maderas y ligazones de la casa; y las paredes son de cañas, juntas unas con otras, hincadas en tierra cuatro o cinco dedos en hondo, y alcanzan arriba, y hácese una pared de ellas buena y de buena vista, y encima son las dichas casas cubiertas de paja o yerba larga, y muy buena y bien puesta, y dura mucho, y no se llueven las casas, antes es tan buen cubrir para seguridad del agua como la teja. Este bejuco con que se atan es muy bueno majado, y sacado y colado el zumo; y bebido, se purgan con él los indios, y aun algunos cristianos he visto yo que la toman esta purga, y se hallan muy bien con ella, y los sana, y no es peligrosa ni violenta. Esta manera de cubrir las casas es de la misma manera y semejanza del cubrir las casas de los villajes y aldeas de Flandes. Y si lo uno es mejor y más bien puesto que lo otro, creo que la ventaja la tienen el cubrir de las Indias, porque la paja o yerba es mejor mucho que la de Flandes. Los cristianos hacen ya estas casas con sobrados y ventanas porque tienen clavazón, y se hacen tablas muy buenas, y tales, que cualquier señor se puede aposentar largamente a su voluntad en algunas de ellas; y entre las que había en la ciudad de Santa María del Antigua del Darién, yo hice una que me costó más de mil y quinientos castellanos, y tal, que a un gran señor pudiera acoger en ella y muy bien aposentarle, y que me quedara muy bien en que vivir, con muchos aposentos altos y bajos, y con un huerto de muchos naranjos dulces y agrios, y cidros y limones, de lo cual todo ya hay mucha cantidad en los asientos de los cristianos, y por una parte del dicho huerto un hermoso río y el sitio muy gracioso y sano, y de lindos aires y vista sobre aquella ribera. Pero por desdicha de los vecinos que allí nos habíamos heredado, se ha despoblado el dicho pueblo, por medio y malicia de quien a ello dio causa, lo cual aquí no expreso porque vuestra majestad ha proveído y mandado a su real consejo de Indias que se haga justicia y sean satisfechos los agraviados. El tiempo dirá adelante lo que en esto se hará, y Dios lo guiará todo según la santa intención de vuestra majestad.

Prosiguiendo en la otra tercera manera de casas, digo que en la provincia de Abrayme, que es en la dicha Castilla de Oro, y por allí cerca, hay muchos pueblos de indios puestos sobre árboles, y encima de ellos tienen sus casas moradas, y hechas sendas cámaras, en que viven con sus mujeres e hijos, y por el árbol arriba sube una mujer con su hijo en brazos como si fuese por tierra llana, por ciertos escalones que tienen atados con bejugos, o ataduras de cuerdas de bejugo, y debajo todo el terreno es paludes de agua baja, de menos de estado, y algunas partes de estos lagos son hondos, y allí tienen canoas, que son cierta manera de barcas que son hechas de un árbol concavado, del tamaño que las quieren hacer. Y de allí salen a la tierra rasa y enjuta, a sembrar sus maizales, y yuca, y batatas, y ajes, y las otras sus cosas de que usan para sus mantenimientos, y aquesta manera tienen estos indios en estos asientos o pueblos que hay de esta forma, por estar más seguros de los animales y bestias fieras y de sus enemigos, y más fuertes y sin sospecha del fuego. Estos indios no son flecheros, pero pelean con varas, de las que les tienen hecha mucha cantidad, y para su respeto y defensión puestas en sus cámaras o casas, para desde allí se defender, y ofender a sus adversarios. Hay otra manera de casas, en especial en el río grande de San Juan (que atrás se dijo que entra en el golfo de Urabá), en el medio del cual hay muchas palmas juntas nacidas, y sobre ellas están en lo alto las casas armadas, según atrás se dijo de Abrayme, y asaz mayores, y donde están muchos vecinos juntos, y tienen sus canoas atadas al pie de las dichas palmas para se servir de la tierra, y salir y entrar cuando les conviene; y son tan duras y malas de cortar estas palmas, de muy recias, que con muy gran dificultad se les podría hacer daño. Estos que están en estas casas, en el dicho río, pelean asimismo con varas; y los cristianos que allí llegaron con el adelantado Vasco Núñez de Balboa y otros capitanes, recibieron mucho daño, y ninguno les pudieron hacer a los indios, y se tornaron con pérdida y muertes de mucha parte de la gente. Y aquesto baste cuanto a la manera de las casas; pero en las habitaciones de los pueblos son diferentes, porque unos son mayores que otros en algunas provincias, y comúnmente en la mayor parte pueblan desparcidos por los valles y en las aldeas y en otras partes y alturas de ellos, y sembrados a la manera que están en Vizcaya y en las montañas, unas casas desviadas de otras; pero muchas de ellas y mucho territorio debajo de la obediencia de un cacique, el cual es en gran manera obedecido y acatado de su gente, y muy servido; el cual, cuando come en el campo, y comúnmente en el pueblo o asiento, todo lo que hay de comer se le pone delante, y él lo reparte a todos, y da a cada uno lo que le place. Y continuamente tiene hombres diputados que le siembran, y otros que le montean, y otros que le pescan; y él algunas veces se ocupa en estas cosas, o en lo que más placer le da, en tanto que no está en la guerra.

Las camas en que duermen se llaman hamacas, que son unas mantas de algodón muy bien tejidas y de buenas y lindas telas, y delgadas algunas de ellas, de dos varas y de tres

en luengo, y algo más angostas que luengas, y en los cabos
están llenas de cordeles de cabuya y de henequén (la cual manera de este hilo y su diferencia adelante se dirá), y estos hilos
son luengos, y vanse a juntar y concluir juntamente, y hácen-
les al cabo un trancahilo, como a una empulguera de una
cuerda de ballesta, y así la guarnecen, y aquella atan a un
árbol, y la del otro al cabo, con cuerdas o sogas de algodón,
que llaman hicos, y queda la cama en el aire, cuatro o cinco
palmos levantada de tierra, en manera de honda o columpio;
y es muy buen dormir en tales camas, y son muy limpias; y
como la tierra es templada, no hay necesidad de otra ropa
ninguna encima. Verdad es que durmiendo en alguna sierra
donde hace algún frío, o llegando hombre mojado, suelen
poner brasa debajo de las hamacas para se calentar. Aquellas cuerdas con que se atan las empulgueras o fines de las
dichas hamacas son unas sogas torcidas y bien hechas y de
la groseza que conviene, de muy buen algodón; y cuando no
duermen en el campo, para se atar de árbol a árbol, átanse en
casa de un poste a otro, y siempre hay lugar para las colgar.

Son muy grandes nadadores todos los indios comúnmente,
así los hombres como las mujeres, porque desde que nacen
continúan andar en el agua; pero para entender cuán hábiles
son los indios en el nadar, basta lo que es dicho en el lugar
donde se dijo de la manera que en las islas de Cuba y de Jamaica toman los indios las ánsares, etc.

Lo que toqué de suso en los hilos de la cabuya y del henequén, que me ofrecí de especificar adelante, es así: de ciertas
hojas de una yerba, que es de la manera de los lirios o espa-
daña, hacen estos hilos de cabuya o henequén, que todo es
una cosa, excepto que el henequén es bien delgado y se hace
de lo mejor de la materia, y es como el lino, y lo al es más

basto, o en diferencia es como de cáñamo de cerro a lo otro más tosco, y la color es como rubio, y alguno hay casi blanco.

Con el henequén, que es lo más delgado de este hilo, cortan, si les dan lugar a los indios, unos grillos o una barra de hierro, en esta manera: como quien siega o asierra, mueven sobre el hierro que ha de ser cortado el hilo del henequén, tirando y aflojando, yendo y viniendo de una mano hacia otra, y echando arena muy menuda sobre el hilo en el lugar o parte que lo mueven, ludiendo en el hierro, y como se va rozando el hilo, así lo van mejorando y poniendo del hilo que está más sano lo que está por rozar; y de esta forma siegan un hierro, por grueso que sea, y lo cortan como si fuese una cosa tierna y muy apta para cortarse.

También me ocurre una cosa que he mirado muchas veces en estos indios, y es que tienen el casco de la cabeza más grueso cuatro veces que los cristianos. Y así, cuando se les hace la guerra y vienen con ellos a las manos, han de estar muy sobre aviso de no les dar cuchillada en la cabeza, porque se han visto quebrar muchas espaldas, a causa de lo que es dicho, y porque además de ser grueso el casco, es muy fuerte.

Asimismo he notado que los indios, cuando conocen que les sobra la sangre, se sajan por las pantorrillas y en los brazos, de los codos hacia las manos, en lo que es más ancho encima de las muñecas, con unos pedernales muy delgados que ellos tienen para esto, y algunas veces con unos colmillos de víboras muy delgados o con unas cañuelas.

Todos los indios comúnmente son sin barbas, y por maravilla o rarísimo es aquel que tiene bozo o algunos pelos en la barba o en alguna parte de su persona, ellos ni ellas, puesto que el cacique de la provincia de Catarapa yo le vi que las tenía, y también en las otras partes que los hombres acá las tienen y a su mujer en el lugar y partes que las mujeres las suelen tener; y así, en aquella provincia diz que hay algunos, pero pocos, que esto tengan, según el mismo cacique me dijo, y decía que a él le venía el linaje, el cual cacique tenía mucha parte de la persona pintada, y estas pinturas son negras y perpetuas, según las que los moros en Berbería por gentileza traen, en especial las moras, en los rostros y otras partes; y así entre los indios, los principales usan estas pinturas en los brazos y en los pechos, pero no en la cara, sino los esclavos.

Cuando van a las batallas los indios en algunas provincias, en especial los caribes flecheros, llevan caracoles grandes, que suenan mucho, a manera de bocinas, y también atambores y muchos penachos muy lindos y algunas armaduras de oro, en especial unas piezas redondas, grandes, en los pechos y brazales, y otras piezas en las cabezas y en otras partes de las personas, y de ninguna manera tanto como en la guerra se precian de parecer gentiles hombres e ir lo más bien aderezados que ellos pueden de las joyas de oro y plumajes; y de aquellos caracoles hacen unas cuentecicas blancas de muchas maneras, y otras coloradas, y otras negras, y otras moradas, y canutos de lo mismo, y hacen brazaletes, mezclados con olivetas y cuentas de oro, que se ponen en las muñecas y encima de los tobillos y debajo de las rodillas por gentileza, en especial las mujeres que se precian de sí y son principales traen todas estas cosas en las partes que es dicho y a las gargantas, y llaman a estos sartales y cosas de esta manera, chaquira. Demás de esto, traen zarcillos de oro en las orejas y en las narices, hecho un agujero de ventana a ventana, colgado sobre el bozo. Algunos indios se tresquilan, aunque comúnmente ellos y ellas se precian mucho del cabello, y lo traen ellas más largo hasta media espalda, y cercenado igualmente y cortado muy bien por encima de las cejas, lo cual cortan con pedernales muy justa e igualmente. A las mujeres principales que se les van cayendo las tetas, ellas las levantan con barra de oro, de palmo y medio de luengo y bien labrada, y que pesan algunas más de doscientos castellanos, horadadas en los cabos, y por allí atados sendos cordones de algodón; el un cabo va sobre el hombro, y el otro debajo del sobaco, donde lo añudan en ambas partes; y algunas mujeres principales van a las batallas con sus maridos, o cuando son señoras de la tierra, y mandan y capitanean su gente, y de camino llévanlas como ahora diré.

Siempre el cacique principal tiene una docena de indios de los más recios, disputados para llevarle de camino, echado en una hamaca puesta en un palo largo, que de su natura es ligero, y aquellos van corriendo o medio trotando con él a cuestas sobre los hombros, y cuando se cansan los dos que lo llevan, sin se parar, luego se ponen otros dos, y continúan el camino, y en un día, si es en tierra llana, andan de esta manera quince y veinte leguas. Estos indios que aqueste oficio tienen, por la mayor parte son esclavos o naborías.

Naboría es un indio que no es esclavo, pero está obligado a servir aunque no quiera.

Y pues ya parece que aunque no tan larga ni suficientemente he dicho lo que hasta aquí está escrito, como estas cosas y otras muchas más sin comparación están copiosamente apuntadas en mi General historia de las Indias, quiero pasar a las otras partes y cosas de que en el proemio se hizo mención, y primeramente diré de algunos animales terrestres, en especial de aquellos que más certificada se hallare mi memoria.

Capítulo XI. De los animales, y primeramente del tigre
El tigre es animal que, según los antiguos escribieron, es el
más velocísimo de los animales terrestres; y tiguer en griego
quiere decir saeta; y así, por la velocidad del río Tigris se le
dio este nombre. Los primeros españoles que vieron estos tigres en Tierra-Firme llamaron así a estos animales, los cuales
son según y de la manera del que en esta ciudad de Toledo
dio a vuestra majestad el almirante don Diego Colón, que le
trajeron de la Nueva España. Tiene la hechura de la cabeza
como león o onza, pero gruesa, y ella y todo el cuerpo y
brazos pintado de manchas negras y juntas unas con otras,
perfiladas de color bermejas, que hacen una hermosa labor o
concierto de pintura; en el lomo y a par de él mayores estas
manchas, y disminuyéndose hacia el vientre y brazos y cabeza; éste que aquí se trajo era pequeño y nuevo, y a mi parecer
podría ser de tres años; pero haylos muy mayores en Tierra-
Firme, y yo le he visto más alto bien que tres palmos y de más
de cinco de luengo; y son muy doblados y recios de brazos y
piernas, y muy armados de dientes y colmillos y uñas, y en
tanta manera fiero, que a mi parecer ningún león real de los
muy grandes no es tan fiero ni fuerte. De aquestos animales
hay muchos en Tierra-Firme, y se comen muchos indios, y
son muy dañosos; pero yo no me determino si son tigres,
viendo lo que se escribe de la ligereza del tigre y lo que se ve
de la torpeza de aquestos que tigres llamamos en las Indias.
Verdad es que, según las maravillas del mundo y los extremos que las criaturas, más en unas partes que en otras, tienen, según las diversidades de las provincias y constelaciones
donde se crían, ya vemos que las plantas que son nocivas en
unas partes, son sanas y provechosas en otras, y las aves que

en una provincia son de buen sabor, en otras partes no curan de ellas ni las comen; los hombres, que en una parte son negros, en otras provincias son blanquísimos, y los unos y los otros son hombres: ya podría ser que los tigres asimismo fuesen en una parte ligeros, como escriben, y que en la India de vuestra majestad, de donde aquí se habla, fuesen torpes y pesados. Animosos son los hombres y de mucho atrevimiento en algunos reinos, y tímidos y cobardes naturalmente en otros. Todas estas cosas, y otras muchas que se podrían decir a este propósito, son fáciles de probar y muy dignas de creer de todos aquellos que han leído o andado por el mundo, a quien la propia vista habrá enseñado la experiencia de lo que es dicho. Notorio es que la yuca, de que hacen pan en la isla Española, que matan con el zumo de ella, y que no se osa comer en fruta; pero en Tierra-Firme no tiene tal propiedad; que yo la he comido muchas veces, y es muy buena fruta. Los murciélagos en España aunque piquen no matan ni son ponzoñosos, pero en Tierra-Firme muchos hombres murieron de picaduras de ellos, como en su lugar se dirá. Y así de aquesta forma se podrían decir tantas cosas, que no nos bastase tiempo para leerlas. Mi fin es decir que este animal podría ser tigre, y no de la ligereza de los tigres de quien Plinio y otros autores hablan. Aquestos de Tierra-Firme se matan muchas veces fácilmente por los ballesteros en esta manera: así como el ballestero ha conocimiento y sabe dónde anda algún tigre de éstos, vale a buscar con su ballesta y con un can pequeño, ventor o sabueso (y no con perro de presa, porque al perro que con él se aferra le mata luego, porque es animal muy armado y de grandísima fuerza); el cual perro ventor, así como da de él y lo halla, anda alrededor ladrándole y pellizcando y huyendo; y tanto le molesta, que le hace subir y encaramar en el primero árbol que por allí está, y el dicho tigre, de importunado del dicho ventor, se sube a lo alto y se está allí, y el perro al pie del árbol ladrándole, y él regañando mostrando los dientes; llega el ballestero, y desde a doce o quince pasos le tira con un rallón y le da por los pechos, y echa a huir, y el dicho tigre queda con su trabajo y herido mordiendo la tierra y árboles, y desde a espacio de dos o tres horas o otro día el montero torna allí, y con el perro luego le halla donde está muerto. El año de 1522 años yo y otros regidores de la ciudad de Santa María del Antigua del Darién hicimos en nuestro cabildo y ayuntamiento una ordenanza, en la cual prometimos cuatro o cinco pesos de oro al que matase cualquiera tigre de éstos, y por este premio se mataron muchos de ellos en breve tiempo, de la manera que es dicho, y con cepos asimismo. Para mi opinión, ni tengo ni dejo de tener por tigres estos tales animales, o por panteras o otro de aquellos que se escriben del número de los que se notan de piel maculada, o por ventura otro nuevo animal que asimismo la tiene y no está en el número de los que están escritos; porque de muchos animales que hay en aquellas partes, y entre ellos aquestos que yo aquí pondré, o los más de ellos, ningún escritor supo de los antiguos, como quiera que están en parte y tierra que hasta nuestros tiempos era incógnita, y de quien ninguna mención hacía la Cosmografía del Tolomeo ni otra, hasta que el almirante don Cristóbal Colón nos la enseñó; cosa por cierto más digna y sin comparación hazañosa y grande que no fue dar Hércules entrada al mar Mediterráneo en el Océano, pues los griegos hasta él nunca le supieron; y de aquí viene aquella fábula que dice que los montes Calpe y Ávila (que son los que en el estrecho de Gibraltar, el uno en España y el otro en África, están enfrente el uno del otro) eran juntos, y que el Hércules que los abrió, dio por allí la entrada al mar Océano y puso sus columnas en Cáliz y Sevilla, que vuestra majestad trae por divisa, con aquella letra de Plus ultra; palabras en verdad dignas de tan grandísimo y universal emperador, y no convenientes a otro príncipe alguno; pues en partes tan extrañas y tantos millares de leguas adelante de donde Hércules y todos los príncipes universos han llegado, las ha puesto vuestra sacra católica majestad. Así que, pues que Hércules fue el que aquello poco navegó, y por eso dicen los poetas que dio la puerta al Océano, etc., por cierto, Señor, aunque a Colón se hiciera una estatua de oro, no pensaran los antiguos que le pagaban si en su tiempo él fuera.

Tornando a la materia comenzada, digo que de la manera y facción de este animal, pues vuestra majestad le ha visto, y al presente está vivo en esta ciudad de Toledo, no hay qué se diga de él más de lo dicho; pero este leonero de vuestra majestad, que ha tomado cargo de le amansar, podría entender en otra cosa que más útil y provechosa le fuese para su vida, porque este tigre es nuevo, y cada día será más recio y fiero y se le doblará la malicia. A este animal llaman los indios ochi, en especial en Tierra-Firme, en la provincia que el Católico rey don Fernando mandó llamar Castilla del Oro. Después de esto escrito muchos días, sucedió que este tigre de que de suso se hizo mención, quiso matar al que tenía cargo de él, el cual lo había ya sacado de la jaula, y muy doméstico le tenía y atado con muy delgada cuerda, y tan familiar, que yo estaba espantado de verle, pero no desconfiado que esta amistad había de durar poco; en fin, que un día hubiera de matar al que tenía cargo de él; y desde a poco tiempo se murió el dicho tigre o le ayudaron a morir, porque en la verdad estos animales no son para entre gentes, según son feroces y de su propia natura indomables.

Capítulo XII. Del beori

Los cristianos que en Tierra-Firme andan llaman danta a un animal que los indios le nombran beori, a causa que los cueros de estos animales son muy gruesos, pero no son dantas. Y así han dado este nombre de danta al beori tan impropiamente como al ochi el de tigre. Estos animales beories son del tamaño de una mula mediana, y el pelo es pardo, muy oscuro y más espeso que el del búfalo, y no tienen cuernos, aunque algunos los llaman vacas. Son muy buena carne, aunque es algo más mollicia que la de la vaca de España; los pies de este animal son muy buen manjar y muy sabrosos, salvo que es menester que cuezan veinte y cuatro horas; pero pasadas éstas, es manjar para le dar a cualquiera que huelgue de comer una cosa de muy buen sabor y digestión; matan estos beoris con perros, y después que están asidos ha de socorrer el montero con mucha diligencia a alancear este animal antes que se entre en el agua, si por allí cerca la hay, porque después que se entra en el agua, se aprovecha de los perros y los mata a grandes bocados, y acaece llevar un brazo con media espalda cercen de un bocado a un lebrel, y a otro quitarle un palmo o dos del pellejo, así como si lo desollasen; y yo he visto lo uno y lo otro, lo cual no hacen tan a su salvo fuera del agua. Hasta ahora los cueros de estos animales no los saben adobar, ni se aprovechan de ellos los cristianos, porque no los saben tratar; pero son tan gruesos o más que los del búfalo.

Capítulo XIII. Del gato cerval

El gato cerval es muy fiero animal y es de la manera y la hechura y color que los gatos pardillos pequeños mansos que tenemos en casa; pero es tan grande o mayor que los tigres de que de suso se ha hecho mención, y es el más feroz animal que hay en aquellas partes, y de que los cristianos más temen, y muy más ligero que todos los que por allá hay ni se han visto.

Capítulo XIV. Leones reales

En Tierra-Firme hay leones reales, ni más ni menos que los de África; pero son algo menores y no tan denodados, antes son cobardes y huyen; mas aquesto es común a los leones, que no hacen mal si no los persiguen o acometen.

Capítulo XV. Leones pardos

Hay asimismo leones pardos en Tierra-Firme, y son de la forma y manera misma que en estas partes se han visto, o los hay en África, y son veloces y fieros; pero ni estos ni los leones reales, hasta ahora, no han hecho mal a cristianos, ni comen los indios, como los tigres.

Capítulo XVI. Raposas

Hay raposas, las cuales son ni más ni menos que las de España en la facción, pero no en la color, porque son tanto o más negras que un terciopelo muy negro; son muy ligeras y algo menores que las de acá.

Capítulo XVII. Ciervos

Ciervos hay muchos en Tierra-Firme ni más ni menos que los hay en España, en color y grandeza y lo demás; pero no son tan ligeros, lo cual yo puedo muy bien testificar, porque los he corrido y muerto con los perros en aquellas partes algunas veces, y también los he muerto con la ballesta.

Capítulo XVIII. Gamos

Gamos hay asimismo, y muchos, en especial en la provincia de Santa Marta, y son de la forma y tamaño que los de España; y en el sabor, así los gamos como los ciervos, son tan buenos o mejores que los de España.

Capítulo XIX. Puercos

Puercos monteses se han hecho muchos en las islas que están pobladas de cristianos, así como en Santo Domingo, y Cuba, y San Juan, y Jamaica, de los que de España se llevaron; pero aunque de los puercos que se han llevado a Tierra-Firme se hayan ido algunos al monte, no viven, porque los animales así como tigres y gatos cervales y leones se los comen luego; pero de los naturales puercos de la Tierra-Firme hay muchos salvajes, de los cuales muchas veces se ven grandes piaras o cantidad junta, y como andan en manadas juntos, no osan acometerlos los otros animales, puesto que no tienen colmillos como los de España pero muerden muy reciamente, y matan los perros a bocados. Estos puercos son algo menores que los nuestros, y más peludos o cubiertos de lana, y tienen el ombligo en medio del espinazo, y de las pezuñas de los pies traseros no tienen dos, sino una en cada pie; en todo lo demás son como los nuestros. Mátanlos con cepos los indios, y con varas tiradas, y llaman al puerco chuche. Cuando los cristianos topan una manada de ellos, procuran subirse a un árbol, aunque no sea más alto que tres o cuatro palmos, y desde allí, como pasan siempre, con un lanzón hieren dos o tres, o más, o los que pueden, y socorriendo los perros, quedan algunos de ellos de esta manera; pero son muy peligrosos cuando así se hallan en compañía, si no hay lugar desde donde el montero pueda herirlos, como es dicho. Algunas veces se hallan, cuando las puercas se apartan a parir, y se toman algunos lechones de ellos; tienen muy buen sabor, y hay gran muchedumbre de ellos.

Capítulo XX. Oso hormiguero

El oso hormiguero es casi a manera de oso en el pelo, y no tiene cola; es menor que los osos de España, y casi de aquella facción, excepto que el hocico tiene muy más largo, y es de muy poca vista. Tómanlos muchas veces a palos, y no son nocivos, y fácilmente los toman con los perros, y conviene que con diligencia los socorran antes que los perros los maten, porque no se saben defender, aunque muerden algo. Y hállanse lo más continuamente cerca de los hormigueros de torronteros, que hacen cierta generación de hormigas muy menudas y negras en las campañas y vegas rasas que no hay árboles, donde por instinto natural ellas se apartan a criar fuera de los bosques, por recelo de este animal; el cual, como es cobarde y desarmado, siempre anda entre arboledas y espesuras, hasta que la hambre y necesidad, o el deseo de apacentarse de estas hormigas, le hace salir a los rasos a buscarlas. Estas hormigas hacen un torrontero tan alto como un hombre y poco más, y algunas veces menos, y grueso como una acra cortesana, y a veces como una pipa, y durísimo como piedra, y parecen estos tales torronteros cotos o mojones de términos; y debajo de aquella tierra durísima de que están fabricados hay innumerables o casi infinitas hormigas muy chiquititas, que se pueden coger a celemines quebrando el dicho torrontero; el cual, de haberse mojado con la lluvia, y tras el agua sobrevenir la calor del Sol, algunas veces se resquiebra, y se hacen en él algunas hendeduras, pero muy delgadísimas, y en tanta delgadez, que un filo de un cuchillo no puede ser más delgado; y parece que la natura les da entendimiento o saber para hallar tal materia de barro estas hormigas, que pueden hacer aquel torrontero que es dicho tan durísimo, que no parece sino una muy fuerte argamasa; lo cual yo he experimentado y los he hecho romper; y no pudiera creer sin verlo la dureza que tienen, porque con picos y barretas de hierro son muy dificultosos de deshacer, y por entender mejor este secreto, en mi presencia lo he hecho derribar; lo cual, como es dicho, hacen las dichas hormigas para se guardar de aqueste su adversario o oso hormiguero, que es el que principalmente se debe cebar y sustentar de ellas, o les es dado por su émulo, a tal que se cumpla aquel común proverbio que dice que no hay criatura tan libre a quien falte su alguacil. Este que la natura le dio a tan pequeño animal, tiene esta forma de usar su oficio en las escondidas hormigas, ejecutando su muerte, que se va al hormiguero que es dicho, y por una hendedura o resquebrajo tan sutil como un filo de espada, comienza a poner la lengua, y lamiendo, humedece aquella hendedura por delgada que sea; y son de tal propiedad sus babas, y tan continua su perseverancia en el lamer, que poco a poco hace lugar, y ensancha de manera aquella hendedura, que muy descansada o anchamente y a su voluntad mete y saca la dicha lengua en el hormiguero, la cual tiene longuísima y desproporcionada según el cuerpo, y muy delgada; y después que la entrada y salida tiene a su propósito, mete la lengua todo lo que puede por aquel agujero que ha hecho, estase así quedo grande espacio; y como las hormigas son muchas y amigas de la humedad, cárganse sobre la lengua grandísima cantidad de ellas, y tantas, que se podrían coger a almuerzas o puños; y cuando le parece que tiene hartas, saca presto la lengua, resolviéndola en la boca, y cómeselas, y torna por más. Y de esta forma come todas las que él quiere y se le ponen sobre la lengua. La carne de este animal es sucia y de mal sabor; pero como las desventuras y necesidades de los cristianos en aquellas partes, en los principios fueron muchas y muy extremadas, no se ha dejado de probar a comer; pero hase aborrecido tan presto como se probó por algunos cristianos. Estos hormigueros tienen por debajo a par del suelo la entrada a ellos, y tan pequeña, que con dificultad mucha se hallaría si no fuese viendo entrar y salir algunas hormigas; pero por allí no las podría dañar el oso, ni es tan a su propósito ofenderlas como por lo alto en aquellas hendeduricas, según que está dicho.

Capítulo XXI. Conejos y liebres
Hay en Tierra-Firme conejos y liebres, y llámanlos así porque el lomo le tienen, en cuanto a la color, así como de liebres, y lo de demás es blanco, así como el vientre y las ijadas; y los brazos y piernas son algo pardicos; pero en la verdad, a lo que yo pude comprender, más conformidad tienen con liebres que no con conejos, y son menores que los conejos de España. Tómanse las más veces cuando se queman los mon- tes, y algunas veces con lazos por mano de los indios.

Capítulo XXII. Encubertados
Los encubertados son animales mucho de ver, y muy extra- ños a la vista de los cristianos, y muy diferentes de todos los

que se han dicho o visto en España ni en otras partes. Estos animales son de cuatro pies, y la cola y todo él es de tez, la piel como cobertura o pellejo de lagarto, pero es entre blanco y pardo, tirando más a la color blanca, y es de la facción y hechura ni más ni menos que un caballo encubertado, con sus costaneras y coplón, y en todo y por todo, y por debajo de lo que muestran las costaneras y cubiertas, sale la cola, y los brazos en su lugar, y el cuello y las orejas por su parte. Finalmente, es de la misma manera que un corsier con bardas; y es del tamaño de un perrillo o gozque de estos comunes, y no hace mal, y es cobarde, y, hacen su habitación en torronteras, y cavando con las manos ahondan sus cuevas y madrigueras de la forma que los conejos las suelen hacer. Son excelente manjar, y tómanlos con redes, y algunos matan ballesteros, y las más veces se toman cuando se queman los campos para sembrar o por renovar los herbajes para las vacas y ganados; yo los he comido algunas veces, y son mejores que cabritos en el sabor, y es manjar sano. No podría dejar de sospecharse si aqueste animal se hubiera visto donde los primeros caballos encubertados hubieron origen, sino que de la vista de estos animales se había aprendido la forma de las cubiertas para los caballos de armas.

Capítulo XXIII. Perico ligero

Perico ligero es un animal el más torpe que se puede ver en el mundo, y tan pesadísimo y tan espacioso en su movimiento, que para andar el espacio que tomarán cincuenta pasos, ha menester un día entero. Los primeros cristianos que este animal vieron, acordándose que en España suelen llamar al negro Juan Blanco porque se entiende al revés, así como toparon este animal le pusieron el nombre al revés de su ser, pues siendo espaciosísimo, le llamaron ligero. Éste es un animal de los extraños, y que es mucho de ver en Tierra-Firme, por la desconformidad que tiene con todos los otros animales. Será tan luengo como dos palmos cuando ha crecido todo lo que ha de crecer, y muy poco más de esta mesura será si algo fuere mayor; menores muchos se hallan, porque serán nuevos; tienen de ancho poco menos que de luengo, y tienen cuatro pies, y delgados, y en cada mano y pie cuatro uñas largas como de ave, y juntas; pero ni las uñas ni manos no son de manera que se pueda sostener sobre ellas, y de esta causa, y por la delgadez de los brazos y piernas y pesadumbre del cuerpo, trae la barriga casi arrastrando por tierra; el cuello de él es alto y derecho, y todo igual como una mano de almirez, que sea de una igualdad hasta el cabo, sin hacer en la cabeza proporción o diferencia alguna fuera del pescuezo; y al cabo de aquel cuello tiene una cara casi redonda, semejante mucho a la de la lechuza, y el pelo propio hace un perfil de sí mismo como rostro en circuito, poco más prolongado que ancho, y los ojos son pequeños y redondos y la nariz como de un monico, y la boca muy chiquita, y mueve aquel su pescuezo a una parte y a otra, como atontado, y su intención o lo que parece que más procura y apetece es asirse de árbol o de cosa por donde se pueda subir en alto; y así, las más veces que los hallan a estos animales, los toman en los árboles, por los cuales, trepando muy espaciosamente, se andan colgando y asiendo con aquellas luengas uñas. El pelo de él es entre pardo y blanco, casi de la propia color y pelo del tejón, y no tiene cola. Su voz es muy diferente de todas las de todos los animales del mundo, porque de noche solamente suena, y toda ella en continuado canto, de rato en rato, cantando seis puntos, uno más alto que otro, siempre bajando, así que el más alto punto es el primero, y de aquél baja disminuyendo la voz, o menos sonando, como quien dijese, la, Sol, fa, mi, re, ut; así este animal dice, ah, ah, ah, ah, ah, ah. Sin duda me parece que así como dije en el capítulo de los encubertados, que semejantes animales pudieran ser el origen o aviso para hacer las cubiertas a los caballos, así oyendo a aqueste animal el primero inventor de la música pudiera mejor fundarse para le dar principio, que por causa del mundo; porque el dicho perico ligero nos enseña por sus puntos lo mismo que por la, Sol, fa, mi, re, ut se puede entender.

Tornando a la historia, digo que después que este animal ha cantado, desde a muy poco de intervalo o espacio torna a cantar lo mismo. Esto hace de noche, y jamás se oye cantar de día; y así por esto como porque es de poca vista, me parece que es animal nocturno y amigo de oscuridad y tinieblas. Algunas veces que los cristianos toman este animal y lo traen a casa, se anda por ahí de su espacio, y por amenaza o golpe o aguijón no se mueve con más presteza de lo que sin fatigarle él acostumbra moverse; y si topa árbol, luego se va a él y se sube a la cumbre más alta de las ramas, y se está en el árbol ocho y diez y veinte días, y no se puede saber ni entender lo que come; yo le he tenido en mi casa, y lo que supe comprender de este animal, es que se debe mantener del aire; y de esta opinión mía hallé muchos en aquella tierra, porque nunca se le vido comer cosa alguna, sino volver continuamente la cabeza o boca hacia la parte que el viento viene, más a menudo que a otra parte alguna, por donde se conoce que el aire le es muy grato. No muerde, ni puede, según tiene pequeñísima la boca, ni es ponzoñoso, ni he visto hasta ahora animal tan feo ni que parezca ser más inútil que aqueste.

Capítulo XXIV. Zorrillos

Hay unos animales pequeños como chiquitos gozques pardos, y el hocico y los medios brazos y piernas negros, y casi del talle y manera de zorrillos de España, y no son menos maliciosos, y muerden mucho; pero también los hay domésticos, y son muy burlones y traviesos, casi como los monicos, y su principal manjar, y de que con mejor voluntad comen, son cangrejos, de los cuales se cree que principalmente se deben sostener estos animales; yo he tenido uno de ellos, que una carabela mía me trujo de la costa de Cartagena, que lo dieron los indios flecheros a trueco de dos anzuelos para pescar, y lo tuve mucho tiempo atado a una cadenilla, y son animales muy placenteros, y no tan sucios como los gatos monillos.

Capítulo XXV. De los gatos monillos

En aquella tierra hay gatos de tantas maneras y diferencias, que no se podría decir en poca escritura, narrando sus diferentes formas y sus innumerables travesuras, y porque cada día se traen a España, no me ocuparé en decir de ellos sino pocas cosas. Algunos de estos gatos son tan astutos, que muchas cosas de las que ven hacer a los hombres, las imitan y hacen. En especial hay muchos que así como ven partir una almendra o piñón con una piedra, lo hacen de la misma manera, y parten todo los que les dan, poniéndole una piedra donde el gato la pueda tomar. Asimismo tiran una piedra pequeña, del tamaño y peso que su fuerza basta, como la tiraría un hombre. Demás de esto, cuando los cristianos van por la tierra adentro, a entrar o hacer guerra a alguna provincia, y pasan por algún bosque donde haya de unos gatos grandes y negros que hay en Tierra-Firme, no hacen sino romper troncos y ramas de los árboles, y arrojar sobre los cristianos, por los descalabrar, y les conviene cubrirse bien con las rodelas, e ir muy sobre aviso, para que no reciban daño, y les hieran algunos compañeros. Acaece tirarles piedras, y quedarse ellas allá en lo alto de los árboles, y tornarlas los gatos a lanzar contra los cristianos; y de esta manera un gato arrojó una que le había sido tirada, y dio una pedrada a un Francisco de Villacastur, criado del gobernador Pedrarias de Ávila, que le derribó cuatro o cinco dientes de la boca; al cual yo conozco, y le vi antes de la pedrada que le dio el gato, con ellos, y después muchas veces le vi sin dientes, porque los perdió, según es dicho. Y cuando algunas saetas les tiran, o hieren a algún gato, ellos se las sacan, y algunas veces las tornan a echar abajo, y otras veces, así como se las sacan, las ponen ellos mismos de su mano allá en lo alto de las ramas de los árboles, de manera que no puedan caer abajo para que los tornen a herir con ellas, y otros las quiebran y hacen muchos pedazos. Finalmente, hay tanto que decir de sus travesuras y diferentes maneras de estos gatos, que sin verlo es dificultoso de creer. Haylos tan pequeñitos como la mano de un hombre, y menores; otros tan grandes como un mediano mastín. Y entre estos dos extremos los hay de muchas maneras y de diversas colores y figuras, y muy variables, y apartados los unos de los otros.

Capítulo XXVI. Perros

En Tierra-Firme, en poder de los indios caribes flecheros, hay unos perrillos pequeños, gozques, que tienen en casa, de todas las colores de pelo que en España los hay; algunos bedijudos y algunos rasos, y son mudos, porque nunca jamás ladran ni gañen, ni aúllan, ni hacen señal de gritar o gemir, aunque los maten a golpes, y tienen mucho aire de lobillos, pero no lo son, sino perros naturales. Y yo los he visto matar, y no quejarse ni gemir, y los he visto en el Darién, traídos de la costa de Cartagena, de tierra de caribes, por rescates, dando algún anzuelo en trueco de ellos, y jamás ladran ni hacen cosa alguna, más que comer y beber, y son harto más esquivos que los nuestros, excepto con los de la casa donde están, que muestran amor a los que les dan de comer, en el halagar de la cola y saltar regocijados, mostrando querer complacer a quien les da de comer y tienen por señor.

Capítulo XXVII. De la churcha

La churcha es un animal pequeño, del tamaño de un pequeño conejo, y de color leonado y el pelo muy delgado, el hocico muy agudo, y los colmillos y dientes asimismo, y la cola luenga, de la manera que la tiene el ratón, y las orejas a él muy semejantes. Aquestas churchas en Tierra-Firme (como en Castilla las garduñas) se vienen de noche a las casas y a comerse las gallinas, o a lo menos a degollarlas y chuparse la sangre; y por tanto son más dañosas, porque si matasen una, y de aquella se hartasen, menos daño harían; pero acaece degollar quince, y veinte, y muchas más, si no son socorridas. Pero la novedad y admiración que se puede notar de aqueste animal es que, si al tiempo que anda en estos pasos de matar las gallinas cría sus hijos, los trae consigo metidos en el seno de aquesta manera: por medio de la barriga, al luengo, abre un seno, que hace de su misma piel, de la manera que se haría juntando las dobleces de una capa, haciendo una bolsa, y aquella hendidura en que el un pliegue junta con el otro, aprieta tanto, que ninguno de los hijos se le cae aunque corra; y cuando quiere, abre aquella bolsa y suelta los hijos, y andan por el suelo, ayudando a la madre a chupar la sangre de las gallinas que mata; y como siente que es sentida, y alguno socorre y va con lumbre a ver de qué causa las gallinas se escandalizan, luego incontinenti la dicha churcha mete en aquella bolsa o seno los hijos, y se va si halla lugar por donde irse, y, si le toman el paso, súbese a lo alto de la casa o gallinero a se esconder; y como muchas veces la toman viva, y algunas la matan, hase visto muy bien lo que es dicho, y hállanle los hijos metidos en aquella bolsa, dentro de la cual tiene las tetas y pueden los hijos estar mamando. Yo he visto algunas de estas churchas y todo lo que es dicho, y aun me han muerto las gallinas en mi casa de la manera susodicha. Es animal esta churcha que huele mal, y el pelo y la cola y las orejas tiene como ratón, pero es mucho mayor.

Pues se ha dicho de algunos animales particularmente, quiero asimismo traer a la memoria de vuestra majestad lo que se me acuerda de algunas aves que he visto y hay en aquellas partes; las cuales son muchas y de muchas maneras, y primeramente de aquellas que tienen semejanza a las de estas partes o son como ellas, y después se proseguirá en particular lo que me ocurriere de las otras que son diferentes a aquellas de que acá tienen noticia o se conocen.

Capítulo XXVIII. Aves conocidas y semejantes a las que hay en España

Hay en las Indias águilas reales y de las negras, y aguilillas y de las rubias; hay gavilanes y alcotanes, y halcones neblíes o peregrinos, salvo que son más negros que los de acá. Hay unos milanos que andan a comer los pollos, y tienen el plumaje y similitud de alfaneques. Hay otras aves mayores que grandes girifaltes, y de muy grandes presas, y los ojos colorados en mucha manera, y la pluma muy hermosa y pintada a la manera de los azores mudados muy lindos, y andan pareados de dos en dos. Yo derribé uno una vez de un árbol muy alto, de una saetada que le di en los pechos, y caído abajo, era casi como una águila real, y estaba tan armado, que era cosa mucho de ver sus presas y pico, y aun vivió todo aquel día. Yo no le supe dar el nombre, ni alguno de cuantos españoles lo vieron; pero a quien esta ave más parece, es a los azores muy grandes, y ésta es muy mayor que ellos; y así, los cristianos los llaman allá azores. Hay palomas torcaces, y zoritas, y golondrinas, y codornices, y aviones, y garzas reales, y garzotas, y flamencos, salvo que lo colorado de los pechos es más vivo y de más lindo plumaje. Hay cuervos marinos, hay ánades, y lavancos reales, y ánsares bravas, salvo que son negras, según se dijo atrás. Todas estas aves son de paso, y no se ven en todos tiempos, sino a cierto tiempo. Hay asimismo lechuzas y gaviotas.

Capítulo XXIX. De otras aves diferentes de las que es
dicho

Papagayos hay muchos, y de tantas maneras y diversidades, que sería muy larga cosa decirlo, y cosa más apropiada al pincel para darlo a entender, que no a la lengua; pero porque de todas las maneras que los hay, los traen a España, no hay para qué se pierda tiempo hablando en ellos. Pocos días antes que el Católico rey don Fernando pasase de esta vida, le truje yo a Plaçencia seis indios caribes de los flecheros que comen carne humana, y seis indias mozas, y muy bien dispuestos ellos y ellas, y truje la muestra del azúcar que se comenzaba a hacer en aquella sazón en la isla Española, y ciertos cañutos de cañafístola, de la primera que en aquellas partes por la industria de los cristianos se comenzó a hacer; y truje asimismo a su alteza treinta papagayos, o más, en que había diez o doce diferencias entre ellos, y los más de ellos hablaban muy bien. Estos papagayos, aunque acá parecen torpes, son todos muy grandes voladores, y siempre andan de dos en dos pareados, macho y hembra, y son muy dañosos para el pan y las cosas que se siembran para mantenimiento de los indios.

Capítulo XXX. Rabihorcados

Hay unas aves grandes, y vuelan mucho, y lo más continuamente andan muy altos, y son negros y casi de rapiña, y tienen muy largos y delgados vuelos, y los codos de las alas muy agudos, y la cola abierta como la del milano, y por esto le llaman rabihorcado; son mayores que los milanos, y tienen tanta seguridad en sus vuelos, que muchas veces las naos que van a aquellas partes, los ven veinte, y treinta leguas, y más, dentro en la mar, volando muy altos.

Capítulo XXXI. Rabo de junco

Unas aves hay blancas y muy grandes voladoras, y son mayores que palomas torcaces, y tienen la cola luenga y muy delgada; por lo cual se le dio el nombre que es dicho de rabo de juco, y vese muchas veces muy adentro en la mar, pero ave es de tierra.

Capítulo XXXII. Pájaros bobos

Hay unas aves, que llaman pájaros bobos, y son menores que gavinas, y tienen los pies como los anadones, y pósanse en el agua alguna vez, y cuando las naves van a la vela cerca de las islas, a cincuenta o cien leguas de ellas, y estas aves ven los navíos, se vienen a ellos, y, cansados de volar, se sientan en las entenas y árboles o gavias de la nao, y son tan bobos y esperan tanto, que fácilmente los toman a manos, y de esta causa los navegantes los llaman pájaros bobos: son negros, y, sobre negro, tienen la cabeza y espaldas de un plumaje pardo oscuro, y no son buenos de comer, y tienen mucho bulto en la pluma, a respecto de la poca carne; pero también los marineros se los comen algunas veces.

Capítulo XXXIII. Patines

Otros pájaros hay menores que tordos, y son muy negros, y creo que es una de las aves del mundo que más velocidad traen en su volar, y andan a raíz del agua, por altas o bajas que anden las ondas de la mar, y tan diestros en el subir o bajar el vuelo en la orden que la mar anda, y pegado al agua, que no se podría creer sin verse. Estos se asientan cuando quieren en el agua, y casi la mayor parte de todo el camino de las Indias los vemos en el grande mar Océano, y tienen los pies como los patos o ánades.

Capítulo XXXIV. Pájaros nocturnos

En Tierra-Firme hay unas aves que los cristianos llaman pájaros nocturnos, que salen al tiempo que el Sol se pone, cuando salen los murciélagos, y es grande la enemistad de estas aves con los dichos murciélagos, y luego andan volándolos y persiguiendo a los dichos murciélagos, golpeándolos; lo cual no se puede ver sin mucho placer de quien los mira. Hay de estas aves muchas en el Darién, y son algo mayores que vencejos, y tienen aquella manera de alas, y tanto o más ligereza en el volar; y por medio de cada ala, al través, tienen una banda de plumas blancas, y todo lo demás de su plumaje es pardo casi negro; las cuales aves toda la noche no paran, y cuando esclarece el día se tornan a esconder, y no parecen hasta que es puesto el Sol, que tornan a su acostumbrada pelea, contrastando con los dichos murciélagos.

Capítulo XXXV. Murciélagos

Pues en el capítulo de suso escrito se dijo de la contención de los pájaros nocturnos y murciélagos, quiero concluir con los dichos murciélagos. Y digo que en Tierra-Firme hay muchos de ellos, que fueron muy peligrosos a los cristianos a los principios que aquella tierra pasaron con el adelantado Vasco Núñez de Balboa y con el bachiller Enciso, cuando se ganó el Darién; porque, por no saberse entonces el fácil y seguro remedio que hay contra la mordedura del murciélago, algunos cristianos murieron entonces, y otros estuvieron en peligro de morir, hasta que de los indios se supo la manera de cómo se había de curar el que fuese picado de ellos. Estos murciélagos son ni más ni menos que los de acá, y acostumbran picar de noche, y comúnmente por la mayor parte pican del pico de la nariz, o de las yemas de las cabezas de los dedos de las manos o de los pies, y sacan tanta sangre de la mordedura, que es cosa para no se poder creer sin verlo. Tienen otra propiedad, y es, que si entre cien personas pican a un hombre una noche, después la siguiente o otra no pica el murciélago sino al mismo que ya hubo picado, aunque esté entre muchos hombres. El remedio de esta mordedura es tomar un poco de rescoldo de la brasa, y cuanto se pueda sufrir, y ponerlo en el bocado. Hay asimismo otro remedio, y es tomar agua caliente, y cuanto se pueda sufrir la calor de ella, lavar la mordedura, y luego cesa la sangre y el peligro, y se cura muy presto la llaga de la picadura, la cual es pequeña, y saca el murciélago un bocadico redondo de la carne. A mí me han mordido, y me he curado con el agua de la manera que he dicho. Otros murciélagos hay en la isla de San Juan, que los comen, y están muy gordos, y en agua muy caliente se desuellan fácilmente, y quedan de la manera de los pajaritos de cañuela, y muy blancos y muy gordos y de buen sabor, según dicen los indios, y aun algunos cristianos, que los comen también, en especial aquellos que son amigos de probar lo que ven hacer a otros.

Capítulo XXXVI. Pavos

Hay unos pavos rubios y otros negros, y las colas tiénenlas de la hechura de las pavas de España; pero en el plumaje y en el color, los unos son todos rubios, y la barriga con un poco de pecho blanco, y los otros todos negros, y así la barriga y parte del pecho, blancos; y los unos y los otros tienen sobre la cabeza una hermosa cresta o penacho, de plumas bermejas el que es bermejo, y negras el que es negro, y son de mejor comer que los de España. Estos pavos son salvajes, y algunos hay domésticos en las casas, que los toman pequeños. Los ballesteros matan muchos de ellos, porque los hay en mucha cantidad. Dicen algunos que el pavo es bermejo y la pava negra; otros son de parecer contrario, y dicen que el pavo es negro, y la pava rubia; otros dicen que son de dos géneros, y que hay macho y hembra de ambas colores y de cualquiera de ellas. Si el ballestero no le da en la cabeza o en parte que caiga muerto el dicho pavo, aunque le den en una ala o otra parte, se va por tierra a peon y corre mucho; y como es muy espesa de árboles, conviene que el ballestero tenga buen perro y presto, para que el cazador no pierda su trabajo y la caza. Vale un pavo de estos un ducado, y a veces un castellano o peso de oro, que es tanto como en España un real para lo gastar. Otros pavos mayores y mejores de sabor y más hermosos se han hallado en la Nueva España, de los cuales han pasado muchos a las islas y a Castilla del Oro, y se crían domésticamente en poder de los cristianos; de aquestos las hembras son feas y los machos hermosos, y muy a menudo hacen la rueda, aunque no tienen tan gran cola ni tan hermosa como los de España; pero en todo lo al de su plumaje son muy hermosos. Tienen el cuello y cabeza cubierto de una carnosidad sin pluma, la cual a menudo mudan de diversas colores, cuando se les antoja, en especial cuando hacen la rueda la tornan muy bermeja, y cuando la dejan de hacer la vuelven como amarilla y de otras colores, y como denegrido; hacia color parda y blanca, algunas veces; y en la frente sobre el pico tiene el pavo un pezón corto, el cual cuando hace la rueda le alarga o le crece más de un palmo; y de la mitad de los pechos le nace y tiene una vedija de cerdas ni más ni menos que las de la cola de un caballo, muy negras, y luengas más de un palmo.

Capítulo XXXVII. Alcatraz

Unas aves hay en aquellas partes que llaman alcatraces, y son muy mayores que ansarones, y la mayor parte del plumaje es pardo y algo en parte abutardado, y el pico es de dos palmos, poco más o menos, muy ancho cerca de la cabeza, y vase disminuyendo hasta la punta, y tiene un muy grueso y grande papo, y son casi de la hechura de una ave que yo vi en Flandes, en la villa de Bruselas, en el palacio de vuestra majestad, que la llamaban hayna. Acuérdome que, estando un día comiendo vuestra majestad en la gran sala, le vi traer allí en su real presencia una caldera de agua con ciertos pescados vivos, y los comió así enteros; la cual ave yo tengo que debía de ser marítima, y tales tenía los pies como las aves de agua o los ansarones suelen tenerlos, y así los tienen los alcatraces, los cuales asimismo son aves marítimas, y tamañas, que yo vi meterle a un alcatraz un sayo entero de un hombre en el papo, en Panamá el año de 1521 años. Y porque en aquella playa y costa de Panamá pasa cierta volatería de estos alcatraces, que es cosa de notar y mucho de ver, quiero aquí decirla, pues que sin mí, al presente en esta corte de vuestra majestad hay personas que lo han visto muchas veces, y es ésta: sabrá vuestra majestad que allí, como atrás se dijo, crece y mengua aquella mar del Sur dos leguas y más, de seis en seis horas, y cuando crece, llega el agua de la mar tan junto de las casas de Panamá, como en Barcelona o en Nápoles lo hace el mar Mediterráneo. Y cuando viene la dicha creciente, viene con ella tanta sardina, que es cosa maravillosa y para no se poder creer la abundancia de ella sin lo ver; y el cacique de aquella tierra, en el tiempo que yo en ella estuve, cada día era obligado, y le estaba mandado por el gobernador de vuestra majestad que trujese ordinariamente tres canoas o barcas llenas de la dicha sardina, y las vaciase en la plaza, y así se hacía continuamente, y un regidor de aquella ciudad la repartía entre todos los cristianos, sin que les costase cosa alguna, y si mucha más gente hubiera, aunque fuera cuanta al presente hay en Toledo o más, que de otra cosa no se hubiera de mantener, se pudiera asimismo matar cada día toda la sardina que fuera menester, y que sobrara mucha más, y cuanta quisieran.

Tornando a los alcatraces, así como viene la marea, y sardina con ella, ellos también vienen con la marea, volando sobre ella, y tanta multitud de ellos, que parece que cubren el aire, y continuamente no hacen sino caer de alto en el agua, y tornar a caer, y se tornan a levantar de la misma manera, sin cesar; y así, cuando la mar se retrae, se van en su seguimiento los alcatraces, continuando su pesquería, como es dicho. Juntamente andan con estas aves otras que se llaman rabihorcados, de que atrás se hizo mención; y así como el alcatraz se levanta con la presa que hace de las sardinas, el dicho rabihorcado le da tantos golpes, y lo persigue hasta que le hace lanzar las sardinas que ha tragado; y así como las echa, antes que ellas toquen o lleguen al agua, los rabihorcados las toman, y de esta manera es una gran deletación verlo todos los días del mundo. Hay tantos de los dichos alcatraces, que los cristianos envían a ciertas islas y escollos que están cerca de la dicha Panamá, en barcas y canoas, por los alcatraces, cuando son nuevos que aun no pueden volar, y a palos matan cuantos quieren, hasta cargar las canoas o barcas de ellos; y están gordos y bien mantenidos, que de los gruesos no se pueden comer, ni los quieren sino para hacer de la grosura de ellos óleo para quemar de noche en los candiles, el cual es muy bueno para esto, y de dulce lumbre y que muy de grado arde. En esta manera y para este efecto se matan tantos, que no tienen número, y siempre parece que son muchos más de los que andan en la pesquería de las sardinas, como es dicho.

Capítulo XXXVIII. Cuervos marinos
Atrás se dijo que hay cuervos marinos, de la misma manera que los hay acá. No torné aquí a hablar en ellos sino para decir la muchedumbre de ellos que hay en la mar del Sur,

en aquella costa de Panamá, donde puede vuestra majestad creer que algunas veces vienen tantos juntos en demanda de aquestas sardinas que dije en el capítulo antes de éste, que, asentados en el agua, cubren gran parte de la mar, que están las manchas de ellos tamañas, casi como esta vega, que está al pie de esta ciudad de Toledo; y estos escuadrones o multitudes de estos cuervos, en muchas partes y muy a menudo, cada día se ven en la dicha costa del Sur, allí donde he dicho, y no parece todo aquello que toman y ocupan del agua, sino un terciopelo o paño muy negro, sin intervalo, según están juntos estos cuervos, los unos a par de los otros, y así como los alcatraces, se van y vienen con las mareas secutando la pesquería de estas sardinas; las cuales a algunos saben bien, y a mí no, porque son tan dulces, que a tres veces que comí de ellas las aborrecí, y nunca pescado de cuantos allá ni acá he visto, yo comería de tan mala voluntad; pero otros hombres se hallan bien con ellas.

Capítulo XXXIX. Gallinas olorosas

De las gallinas de España hay muchas y auméntanse mucho, porque no dejan de sacar cuantos huevos pueden cubrir con las alas; las cuales han procedido de las que de acá en los principios se llevaron; pero sin éstas, hay unas gallinas bravas, que son tan grandes como pavos, y son negras, y la cabeza y parte del pescuezo algo pardo, o tan negro como lo demás de ellas, y aquello pardo o menos negro no es pluma, sino el cuero. Son de muy mala carne y peor sabor, y muy golosas, y comen muchas suciedades e indios y animales muertos; pero huelen como almizcle y muy bien en tanto que están vivas, y como las matan pierden olor, y a ninguna cosa son buenas, salvo sus plumas para emplumar saetas y virotes; y sufren muy gran golpe, y ha de ser muy recia la ballesta que la mate, si no le dan en la cabeza o le quiebran alguna de las alas, y son muy importunas, y amigas de estar en el pueblo y cerca de él, por comer las inmundicias.

Capítulo XL. Perdices

Perdices hay en Tierra-Firme muy buenas, y de tan buen sabor como las de España, y son tan grandes como las gallinas de Castilla, y tienen unas tetillas sobre otras. Así que tienen dos pares de ellas, y tanta carne, que ha de ser muy comedor el que a una comida o pasto de una vez la acabare. La pluma es parda, así en el pecho como en las alas y cuello, y todo lo demás de aquella misma color y plumaje que las perdices de acá tienen los hombros, y ninguna pluma tienen de otra color. Los huevos que estas perdices ponen son casi tan grandes como los grandes de estas gallinas comunes de España, y son casi redondos, y no prolongados tanto como los de las gallinas, y son azules, de la color de una finísima turquesa. Toman estas perdices los indios con reclamos, armándoles lazos, y yo las he tenido vivas, y las he comido algunas veces en Tierra-Firme. La manera del reclamo es, que se ase el indio de una vedija de cabellos de encima de la frente, casi de a par de la coronilla, o más cerca de lo alto de la cabeza, y tira y afloja, meneando la cabeza, y con la boca hace cierto son, que es casi silbando, de la misma manera que aquellas perdices cantan; y vienen a este reclamo, y caen en los lazos que les tienen puestos de hilo de henequén, del cual hilo se dijo largamente en el capítulo diez; y así las toman, y son muy excelente manjar asadas, perdigándolas primero, y así de esta manera como cocidas o de cualquier forma que se coman. Quieren parecer mucho en el sabor de las perdices de España, y la carne de ellas es así tiesta, y son mejores de comer el segundo día que las matan, porque estén algo manidas o más tiernas. Otras perdices hay menores que las susodichas, que son como estarnas o perdices de las que acá dicen pardillas, que son asaz buenas; pero aunque en el sabor quieren parecer a las de acá, no son tales, con mucho, como las grandes; y estas pequeñas tienen la pluma asimismo pardilla, pero tiran algo a rubio aquel plumaje sobre pardillo, y tómanse más a menudo que las grandes, y son mejores para los dolientes, porque no son tan recias de digestión.

Capítulo XLI. Faisanes

Los faisanes de Tierra-Firme no tienen la pluma que los faisanes de España, ni son tan lindos en la vista; pero son muy buenos y excelentes en el sabor, y parecen mucho en el gusto a las perdices grandes, de quien se trató en el capítulo antes de éste; el plumaje de estas aves es pardo, así como las perdices, y no tan grandes; pero son más altos de pies, y tienen las colas luengas y anchas, y mátanse de ellas muchas con las ballestas, y hacen cierto canto, a manera de silbos, muy diferente del canto de las perdices y mucho más alto, porque de bien lejos se oyen, y esperan mucho; y así, los ballesteros los matan muy a menudo.

Capítulo XLII. Picudos

Una ave hay en Tierra-Firme, que los cristianos llaman picudo, y tiene un pico muy grande, según la pequeñez del cuerpo, el cual pico pesa mucho más que todo el cuerpo. Este pájaro no es mayor que una codorniz o poco más, pero el bulto es muy mayor, porque tiene mucha más pluma que car-

ne. Su plumaje es muy lindo y de muchas colores, y el pico
es tan grande como un geme o más, revuelto para abajo, y al
principio, a par de la cabeza, tan ancho como tres dedos o
casi; y la lengua que tiene es una pluma, y da grandes silbos
y hace agujeros con el pico en los árboles, por donde se mete,
y cría allí dentro; y cierto es ave muy extraña y para ver, porque es muy diferente de todas cuantas aves yo he visto, así
por la lengua, que, como es dicho, es una pluma, como por
su vista y desproporción del gran pico, a respeto del cuerpo.
Ninguna ave hay que cuando cría esté más segura y sin temor
de los gatos, así porque ellos no pueden entrar a tomarles los
huevos a los hijos, por la manera del nido, como porque en
sintiendo que hay gatos se meten en su nido y tienen el pico
hacia fuera, y dan tales picadas, que el gato ha por bien de
no curar de ellos.

Capítulo XLIII. Del pájaro loco

Unos pájaros hay, que los cristianos llaman locos por les dar
el nombre al revés de sus efectos, como suelen nombrar otras
cosas, según atrás queda dicho, porque en la verdad ninguna
ave de las que en aquellas partes yo he visto muestra ser más
sabia y astuta ni del tal distinto natural para criar sus hijos
sin peligro. Aquestas aves son pequeñas y casi negras, y son
poco mayores que los tordos de acá; tienen algunas plumas
blancas en el cuello, y traen la diligencia de las picazas; pero
muy pocas veces se posan en tierra, y hacen sus nidos en
árboles desocupados o apartados de otros, porque los gatos
monillos acostumbran irse de árbol en árbol y saltar de unos
a otros, y no bajar a tierra, por temor de otros animales,
sino es cuando han sed, que bajan a beber, en tiempo que
no puedan ser molestados. Y por eso estas aves no quieren

ni suelen criar sino en árbol que esté algo lejos de otros, y hacen un nido tan luengo o más que el brazo de un hombre, a manera de talega, y en lo bajo es ancho, y hacia arriba de donde está colgado, se va estrechando y hace un agujero por donde entran en aquella talega, no mayor de cuanto el dicho pájaro puede caber; y porque, en caso que los gatos suban a los árboles donde aquestos nidos están, no les coman los hijos, tienen otra astucia grande, y es que aquellas ramas y pajas o cosas de que hace estos nidos son muy ásperas y espinosas, y no las puede tomar el gato en las manos sin se lastimar; y están tan entretejidos y fuertes, que ningún hombre los sabría hacer de aquella manera; y si el gato quiere meter la mano por el agujero del dicho nido para sacar los huevos o los hijos pequeños de estas aves, no los puede alcanzar ni llegar al cabo, porque como es dicho, son luengos más de tres palmos o cuatro, y no puede el brazo del gato alcanzar al suelo del nido. Hacen otra cosa, y es que en un árbol hay muchos nidos de estos. Y la causa por qué hacen muchos de estos pájaros sus nidos en un mismo árbol debe ser por una de dos cosas, o porque de su natura sean sociables y amigos de compañía de su misma ralea o casta, como los aviones, o porque si por caso los gatos subieran al árbol donde crían haya diversos o muchos nidos en que se determine la ventura del que ha de ser molestado del gato, y haya más cantidad de pájaros de los mayores de ellos que hagan la vela por todos, lo cuales, en viendo los gatos, dan grandes gritos.

Capítulo XLIV. Picazas

Hay en Tierra-Firme y también en las islas unas picazas que son menores que las de España, y tienen su diligencia y andar a saltos; pero son todas negras, y tienen los picos de la hechura que los tienen los papagayos, y asimismo negros, y las colas luengas, y son poco mayores que tordos.

Capítulo XLV. Pintadillos

Unos pájaros hay que se llaman pintadillos, y son muy pequeños, como los que acá llaman pinchicos o de siete colores, y estos pajaricos, de temor de los gatos, siempre crían sobre las riberas de los ríos o de la mar, donde las ramas de los árboles alcancen con los nidos al agua con poco peso que encima de ellas se cargue, y hacen los dichos nidos casi en las puntas de las dichas ramas, y cuando el gato va por la rama adelante ella se abaja y pende al agua, y el gato, de temor, se torna y no cura de los nidos, por temor de caer; porque de todos los animales del mundo, no obstante que ninguno le sobra en malicia, y que naturalmente la mayor parte de los animales saben nadar, estos gatos no lo saben, y muy presto se ahogan. Estos pajaricos hacen sus nidos de manera que aunque se mojen e hinchan de agua, luego se sale, y aunque los pajaricos nuevos con el nido estén debajo del agua, por pequeños que sean, no se ahogan por eso.

Capítulo XLVI. Ruiseñores y otros pájaros que cantan

Hay muchos ruiseñores y otras muchas aves pequeñas, que cantan maravillosamente y con mucha melodía y diferentes maneras de cantar, y son muy diversos en colores los unos de los otros. Algunos hay que son todos amarillos, y otros que todos son colorados, de una color tan fina y excelente, que no se puede creer ni ver otra cosa más subida en color, como si fuese un rubí, y otros de todas colores y diferencias, algunos mezcladas aquellos colores, y otros de pocas, y algunos de una sola, y tan hermosos, que en lindeza exceden y hacen mucha ventaja a todos los que en España e Italia y en otros reinos y provincias muchas yo he visto. Y tómanse muchos de ellos con armanzas y liga y costillas, y de muchas maneras.

Capítulo XLVII. Pájaro mosquito

Hay unos pajaritos tan chiquitos, que el bulto todo de uno de ellos es menor que la cabeza del dedo pulgar de la mano, y pelado es más de la mitad menor de lo que es dicho; es una avecica que, demás de su pequeñez, tiene tanta velocidad y presteza en el volar, que viéndola en el aire no se le pueden considerar las alas de otra manera que las de los escarabajos o abejones, y no hay persona que le vea volar que piense que es otra cosa sino abejón. Los nidos son según la proporción o grandeza suya. Yo he visto uno de estos pajaricos que él y el nido puestos en un peso de pesar oro pesó todo dos tomines, que son veinte y cuatro granos, con la pluma, la cual si no tuviera, fuera el peso mucho menos. Sin duda parecía en la sotileza de sus piernas y manos a las avecicas que en las márgenes de las horas de rezar suelen poner los iluminadores; y es de muy hermosas colores su pluma, dorada y verde y de otras colores, y el pico luengo según el cuerpo, y tan delgado como un alfiler. Son muy osados, y cuando ven que algún hombre sube en el árbol en que cría, se le va a meter por los ojos, y con tanta presteza va y huye y torna, que no se puede creer sin verlo; cierto es cosa la pequeñez de este pajarico, que no osara hablar en él sino porque sin mí hay en esta corte de vuestra majestad otros testigos de vista. De lo que hacen el nido es del flueco o pelos de algodón, del cual hay mucho y les es mucho al propósito.

Capítulo XLVIII. Paso de las aves

Visto he algunos años en el mes de marzo, por espacio de quince y veinte días, y algunos años más, y desde la mañana hasta ser de noche, ir el cielo cubierto de infinitas aves y muy altas, y tanto elevadas, que muchas de ellas se pierden de vista, y otras van muy bajas, a respecto de las más altas, pero harto altas, a respecto de las cumbres y montes de la tierra, y van continuamente en seguimiento o al luengo desde la parte del norte septentrional a la del mediodía o vía del polo Austral. Así que vienen de la parte de la mar hacia la parte de la tierra, y así atraviesan todo lo que del cielo se puede ver en la longueza o viaje que hacen estas aves, y de ancho ocupan muy gran parte de lo que se ve del cielo. Y la mayor parte de estas aves son, al parecer, águilas negras, y otras de muchas maneras y muy grandes, y otras aves de rapiña. Las diferencias y plumajes de las cuales no se pueden bien comprender, porque no bajan tanto que esto se pueda entender, ni discernirlo la vista; pero en la manera del volar y en la grandeza y diferencia de los tamaños se conoce que son de muchos y diversos géneros. Este paso de estas aves es sobre la ciudad y provincia de Santa María del Antigua del Darién, en Tierra-Firme, en aquella parte que se llama Castilla del Oro. Otras muchas maneras de aves hay en Tierra-Firme, que sería muy larga cosa de escribirlo extensamente, así porque de todas, aunque se ven muchas, sería imposible especificarlo, como porque de otras muchas más que yo tengo escrito en mi General historia de Indias, no ocurre al presente a mi memoria más de lo que en el presente sumario está dicho.

Capítulo XLIX. De las moscas y mosquitos y abejas y
avispas y hormigas, y sus semejantes

En las Indias y Tierra-Firme hay unas poquitas moscas, y a comparación de las que hay en Europa se puede decir que acullá no hay algunas, porque raras veces se ven algunas.

Mosquitos hay muchos y muy enojosos y de muchas maneras, en especial en algunas partes de las costas de la mar y de los ríos, y también en muchas partes de la tierra no los hay.

Hay muchas avispas y muy peligrosas y ponzoñosas, y su picadura es sin comparación más dolorosa que la de las avispas de España, y tienen casi la misma color pero son mayores y más rubio el amarillo de ellas, y con ello en las alas mucha parte del color negra, y las puntas de ellas rubias de color tostado. Hacen muy grandes avisperos, y los racimos de ellos llenos de vasillos del tamaño de panales que en España hacen las abejas, pero secos y blancos sobre pardos, y no tienen en ellos ningún licor, sino sus crianzas o aquello de que se forman, y hay muchas en los árboles, y también se hacen muchas en las techumbres y maderas de las casas.

Capítulo L. Abejas

Hay muchas abejas, que crían en las hoquedades de los árboles, y son pequeñas, del tamaño de las moscas, o poco más, y las puntas de las alas tienen cortadas al través, de la facción o manera de las puntas de los machetes victorianos, y por medio del ala una señal al través, blanca, y no pican ni hacen mal, ni tienen aguijón, y hacen grandes panales, y los agujerillos de ellos hay en uno más que en cuatro de los de acá, aunque ellas son menores abejas que las de España, y la miel es muy buena y sana, pues es morena casi como arrope.

Capítulo LI. Hormigas

Las diferencias de las hormigas son muchas, y la cantidad de ellas tanta, y tan perjudiciales algunas de ellas, que no se podría creer sin haberlo visto, porque han hecho mucho daño, así en árboles como en azúcares y en otras cosas necesarias al mantenimiento de los hombres; pero por no me detener en esto, digo que aquellas que los osos hormigueros comen son de una manera y son pequeñas y negras, y otras hay rubias, y otras hay que llaman comején, que la mitad son hormigas, y la otra mitad es un gusanico que traen metido en una casilla o cáscara blanca que llevan arrastrando, y son muy dañosas, y penetran las maderas y casas, y hacen mucho daño éstas que son comején; las cuales, si suben por un árbol o por una pared, o por doquiera que hagan su camino, llevan una bóveda de tierra, cubierta toda, tan gruesa como un dedo y como la mitad, y más y menos, y debajo de aquel artificio o camino cubierto van hasta donde quieren asentar, y allí donde paran ensanchan mucho aquella bóveda, y hacen una casa de barro, cubierta y tan grande como tres y cuatro palmos, y más y menos, y tan ancha como es luenga o como la quieren hacer, y allí crían, y por aquel lugar podrescen y comen la madera, y asimismo las paredes hasta dejarlas tan huecas como un panar, y es menester tener aviso para que así como comienzan a hacer aquellas bóvedas o senderos cubiertos se les rompan antes que tengan lugar de hacer daño en las casas, porque para la casa es aqueste animal no otra cosa que la polilla para el paño.

Hay otras hormigas mayores que las susodichas, y con muchas diferencias; pero entre todas tienen el principado de malas unas que hay negras y tan grandes casi como abejas de acá, y éstas son tan pestíferas, que con ellas y otros materiales ponzoñosos los indios hacen yerba que tiran con sus flechas, la cual yerba es sin remedio, y todos los que con ella son heridos mueren, que entre ciento no escapan cuatro; de estas hormigas se ha visto muchas veces por experiencia en muchos cristianos picados de ellas que así como pican dan luego calentura grandísima, y nace un encordio al que han picado. Otras hay que son del tamaño de las hormigas comunes de España, pero aquéllas son bermejas, y éstas y todas las más de las otras que de suso tengo dicho que hay en Tierra-Firme son de paso.

Capítulo LII. Tábanos

En Tierra-Firme hay muchos tábanos y muy enojosos, y pican mucho, y hay muchas diferencias de ellos, y tantas, que sería largo y enojoso proceso de escribir, y no apacible a los lectores.

Capítulo LIII. Aludas

En aquellas partes hay aludas, de la misma manera que las hay en España; y así, se hacen cuando a las hormigas les nacen las alas, y son algo menores que las aludas de acá.

Capítulo LIV. De las víboras y culebras y sierpes y
lagartos y sapos y otras cosas semejantes. Víboras

Hay en Tierra-Firme, en Castilla del oro, muchas víboras,
según y de la misma manera que las hay en España, y los que
son picados de ellas muy presto mueren, porque pocos hombres pasan del cuarto día si presto no son socorridos; pero
entre ellas hay una especie de víboras menores que las otras, y
de las colas son algo romas, y saltan en el aire a picar al hombre. Y por esto algunos llaman tiro a esta manera de víboras,
y la mordedura de estas tales es más venenosa, e incurable las
más veces. Una de éstas me picó una india de las que en mi
casa me servían, en un heredamiento, y fue muy presto soco-
rrida con muchas cosas, y asimismo con la sangrar o dar lan-
cetadas en un pie en que fue picada, y se hizo en ella todo lo
que los cirujanos ordenaron; pero ninguna cosa aprovechó,
ni le pudieron sacar gota de sangre, sino una agua amarilla,
y antes del tercero día expiró, que ningún remedio tuvo, y lo
mismo acaeció a otras personas; esta misma india que así he
dicho que murió era de edad de hasta catorce años o menos,
y muy ladina, porque hablaba castellano como si naciera y se
criara toda su vida en Castilla, y decía que aquella víbora que
le había picado en la garganta de un pie sería de dos palmos
o poco más, y que saltó en el aire para la picar desde a más
de seis pasos. Y con aquesto concordaban muchas personas
que tenían conocimiento de las dichas víboras o tiros, y que
habían visto morir a otras personas de semejantes picaduras,
y éstas son las más ponzoñosas que allá hay.

Capítulo LV. Culebras o sierpes

Unas culebras delgadas, y luengas de siete o ocho pies, he visto yo en Tierra-Firme; las cuales son tan coloradas, que de noche parecen una brasa viva, y de día son casi tan coloradas como sangre. Estas son asaz ponzoñosas, pero no tanto como las víboras.

Hay otras más delgadas y cortas y negras, y éstas salen de los ríos, y andan en ellos y por tierra cuando quieren, y son asimismo harto ponzoñosas.

Otras culebras son pardas, y son poco mayores que las víboras, y son nocivas y ponzoñosas.

Hay otras culebras pintadas y muy luengas. Y yo vi una de éstas el año de 1515 en la isla Española, cerca de la costa de la mar, al pie de la sierra que llaman de los Pedernales, y la medí, y tenía más de veinte pies de luengo, y lo más grueso de ella era mucho más que un puño cerrado, y debiera de haber sido muerta aquel día, porque no hedía y estaba la sangre fresca, y tenía tres o cuatro cuchilladas. Estas culebras tales son de menos ponzoña que todas las susodichas, salvo que por ser tan grandes pone mucho temor el verlas. Acuérdome que estando en el Darién, en Tierra-Firme, el año de 1522 años, vino del campo muy espantado un Pedro de la Calleja, montañés, natural de Colindres, una legua de Laredo, hombre de crédito e hidalgo, el cual dijo que había visto en una senda dentro de un maizal solamente la cabeza con poca parte del cuello de una culebra o serpiente, y que no pudo ver lo demás de ella a causa de la espesura del maíz, y que la cabeza era muy mayor que la rodilla doblada de una pierna de un hombre mediano, y allí lo juraba, y que los ojos no le habían parecido menores que los de un becerro grande; y como la vio desde algo apartado, no osó pasar, y se tornó; lo cual el susodicho contó a muchos y a mí, y todos lo creímos por otras muchas que en aquellas partes habían visto algunos de los que al dicho Pedro de Calleja le escuchaban lo que es dicho; y en aquella sazón, pocos días después de esto, en el mismo año, mató una culebra un criado mío, que desde la boca hasta la punta de la cola tenía de luengo veinte y dos pies, y en lo más grueso de ella era más gorda que dos puños juntos de las manos de un hombre mediano, y la cabeza más gruesa que un puño, y la mayor parte del pueblo la vido; y el que la mató se llama Francisco Rao y es natural de la villa de Madrid.

Capítulo LVI. Yu-ana

Yu-ana es una manera de sierpe de cuatro pies, muy espantosa de ver y muy buena de comer, de la cual en el capítulo seis, atrás, se dijo suficientemente lo que convenía de este animal o sierpe; hay muchas de ellas en las islas y en Tierra-Firme.

Capítulo LVII. Lagartos o dragones

Hay muchos lagartos y lagartijas de la manera de los de España, y no mayores, pero no son ponzoñosos; otros hay grandes, de doce y quince pies, y mucho más de luengo, y más gruesos que una arca o caja; y algunos de los más grandes son tan gordos casi como una pipa, y la cabeza y lo demás a proporción, y el hocico tiénenle muy luengo, y el labio de alto horadado en derecho de los colmillos, por los cuales agujeros salen los colmillos que tiene en la parte más baja de la boca; los cuales y los dientes tienen muy fieros; y en el agua es velocísimo, y en tierra algo pesado y torpe, a respecto de la habilidad que en el agua tiene. Muchos de ellos andan en las costas y playas de la mar, y entran y salen de ella por los ríos y esteros que entran en ella, y son de cuatro pies, y tienen muy recias conchas, y por medio del espinazo está lleno de luengo a luengo de puntas o huesos altos, y son tan recios de pasar sus cueros, que ninguna espada o lanza los puede ofender, si no les dan debajo de aquella piel durísima por las ijadas o la tripa, porque allí es flaca y vencible la piel de estos lagartos o dragones, los cuales cuando quieren desovar, es en el tiempo más seco del año, en el mes de diciembre, que los ríos no salen de su curso, y en aquella sazón, faltando las lluvias, no les pueden llevar los huevos las crecientes; y hacen de esta manera: sálense a los arenales y playas por la costa o ribera de los ríos, y hacen un hoyo de arena, y ponen allí doscientos o trescientos huevos, o más, y cúbrenlos con la dicha arena, y ad putrefactionem, con el Sol se animan y toman vida, y salen de debajo del arena y vanse al río que está junto, siendo no mayores que un geme, o poco menos grandes, y después crecen hasta ser tan gruesos y tamaños como atrás se dijo, y en algunas partes hay tantos de ellos, que es cosa para espantar; y lo más continuamente se andan en los remansos y hondo de los ríos, y cuando salen fuera de ellos por la tierra y playas, todo aquel contorno vecino huele a almizcle, y sálense a dormir muchas veces a los arenales cerca del agua, y cuando se desvían algo más y los topan los cristianos, luego huyen al agua; y no saben correr haciendo vueltas o a un costado o a otro declinando, sino derecho; y así, aunque vaya tras un hombre no le alcanzará si el tal hombre es avisado de lo que es dicho y tuerce el correr al través; antes muchas veces por esta causa ha acaecido irle dando de palos y cuchilladas hasta lo matar o hacer entrar en el agua; pero lo mejor es desde lejos de ellos tirarles con ballestas y escopetas, porque con las otras armas, así como espadas o dardos y lanzas, poco daño les pueden hacer, excepto si les aciertan a dar por la barriga e ijadas, porque aquello tiene muy delgado; y cuando corren por tierra llevan la cola levantada sobre el lomo, enarcada como las plumas de la cola del gallo, y la barriga no arrastrando, sino alta de tierra un palmo, o más o menos, al respecto de la grandeza o altura de los brazos, y tienen manos y pies en fin de los dichos brazos y piernas; y los tales pies y manos muy hendidos, y los dedos luengos y las uñas luengas. Finalmente, que estos lagartos son muy espantosos dragones en la vista: quieren algunos decir que son cocatrices, pero no es así; porque la cocatriz no tiene expiradero alguno más de la boca, y aquestos lagartos o dragones sí; y la cocatriz tiene dos mandíbulas, así alta como baja, y así menea la superior tan bien como la inferior, y aquestos lagartos que digo no tienen más de la mandíbula baja. Son en el agua muy velocísimos y muy peligrosos, porque se comen muchas veces los hombres y los perros y los caballos y las vacas al pasar de los vados; y por esto se tiene aqueste aviso, que cuando alguna gente pasa por algún río en que los hay, siempre se toma el vado por los raudales y donde el agua va más baja y corriente mucho, porque los dichos lagartos siempre se apartan de los raudales y de donde está bajo el río. Muchas veces acaece, matándolos, que les hallan en el vientre una y dos espuertas de guijarros pelados, que el lagarto come por su pasatiempo y los degiste. Mátanlos muchas veces, con anzuelos gruesos de cadena, y de otras maneras, y algunas veces hallándolos fuera del agua, con las escopetas. Estos animales más los tengo yo por bestias marinas y de agua que no terrestres, puesto que, como es dicho, nacen en tierra, de aquellos huevos que entierran en los arenales, los cuales son tan grandes o más que los de las ánsares, y son tan anchos en el un cabo o punta como de la otra parte o cabo; y si dan en el suelo con ellos, no se quiebran para se salir, pero quiébrase la cáscara primera, que es como la de los huevos de los ánsares; y entre aquella y la clara tiene una tela delgada que parece baldrés, que no se rompe sino con alguna punta de herramienta o de palo agudo; y dando en el suelo con un huevo de estos, salta para arriba y hace un bote, como si fuese pelota de viento. No tienen yema, y todos son clara, y guisados en tortillas son buenos y de buen sabor; yo he comido algunas veces de estos huevos, pero no he comido de los lagartos, puesto que muchos cristianos los comían cuando los podían haber, en especial los pequeños, al principio que la tierra se conquistó, y decían que eran buenos. Y cuando estos lagartos dejaban los huevos cubiertos en el arena, y algún cristiano los hallaba, cogía aquella nidada, y traíalos a la ciudad del Darién, y dábanle cinco o seis castellanos, y más, según los que traía, a razón de un real de plata por cada huevo; yo los pagué en este precio, y los comí algunas veces en el año de 1514 años; pero después que hubo mantenimientos y ganados, se dejaron de buscar, pero no porque si con ellos topan acaso, dejen de comerlos de buena voluntad algunos.

Capítulo LVIII. Escorpiones

Hay en muchas partes escorpiones venenosos en la Tierra-Firme, y yo los hallé en Santa Marta, dentro en tierra, bien tres leguas apartado de la costa y puerto de mar, donde el año de 1514 tocó el armada que por mandado del rey Católico don Fernando V, de gloriosa memoria, pasó a la Tierra-Firme. Son casi negros sobre rubios; y en Panamá, en la costa del mar del Sur, los he visto asimismo algunas veces.

Capítulo LIX. Arañas

Hay arañas grandes, y yo las he visto mayores que la mano extendida, con piernas y todo; pero dejados los brazos, sino solamente el cuerpo, digo que aquello de en medio de una araña que vi una vez, era tamaño como un gorrión o pájaros de estos pardales, y llena de vello, y la color era pardo oscuro, y los ojos mayores que de un pájaro de los que he dicho; son ponzoñosas, pero de aquestas grandes hállanse raras veces, y muchas comúnmente mayores que las de estas partes.

Capítulo LX. Cangrejos

Cangrejos son unos animales terrestres que salen de unos agujeros que ellos hacen en tierra, y la cabeza y cuerpo es todo una cosa redonda que quiere mucho parecer capirote de halcón, y del un costado le salen cuatro pies, y otros tantos del otro lado, y dos bocas como pincetas, la una mayor que la otra, con que muerden, pero su bocado no duele mucho ni es ponzoñoso; su cáscara o cuerpo y lo demás es liso y delgado como la cáscara del huevo, salvo que es más dura. La color es parda o blanca o morada que tira a azul, y andan de lado y son buenos de comer, y los indios se dan mucho a este manjar, y aun también en Tierra-Firme muchos cristianos, porque se hallan muchos, y no son manjar costoso ni de mal sabor; y cuando los cristianos van por la tierra adentro, es manjar presto y que no desplace, y cómense asados en las brasas. Finalmente, la hechura de ellos es de la misma manera que se pinta el signo de Cáncer; en el Andalucía, a la costa de la mar y del río de Guadalquivir, donde entra en ella, en San Lúcar, y en otras partes muchas, hay cangrejos, pero son de agua, y los que he dicho de suso son de tierra. Algunas veces son dañosos y mueren los que los comen, en especial cuando los dichos cangrejos han comido algunas cosas ponzoñosas o manzanillas de aquellas de que se hace la yerba con que tiran los indios caribes flecheros, de la cual se dirá adelante; pero por esto se guardan los cristianos de comer de ellos cuando los hallan cerca de donde hay los dichos árboles de las manzanillas; aunque se coman muchos de aquellos que son buenos, no hacen mal ni es vianda que empacha.

Capítulo LXI. De los sapos

Hay muchos sapos en la Tierra-Firme y muy enojosos por la grande cantidad de ellos; pero no son ponzoñosos: donde más de ellos se han visto es en la ciudad del Darién, muy grandes; tanto, que cuando se mueren en tiempo de la seca, quedan tan grandes huesos de algunos, en especial algunas costillas, que parecen de gato o de otro animal tamaño; pero como cesan las aguas, poco a poco se consumen y se acaban, hasta que el año siguiente, al tiempo de las lluvias, los torna a haber; pero ya no hay con mucha cantidad tantos como solía; y la causa es que, como la tierra se va desabahando y tratándose de los cristianos, y cortándose muchos árboles y montes, y con el hálito de las vacas y yeguas y ganados, así parece que visible y palpablemente se va desenconando y deshumedeciéndose, y cada día es más sana y apacible. Estos sapos cantan de tres o cuatro maneras, y ninguna de ellas es apacible; algunos como los de acá, y otros silbando, y otros de otra forma; unos hay verdes y otros pardos, otros casi negros; pero todos, los unos y otros, muy feos y grandes y enojosos, porque hay muchos; pero como es dicho, no son ponzoñosos; y donde se pone recaudo para que no haya agua

encharcada y que corra o se consuma, luego no hay sapos;
que ellos se van a buscar los pantanos, etc.

De los árboles y plantas y yerbas que hay en las dichas
indias, islas y tierra-firme

Primeramente, pues que está dicho de los árboles que de España se han llevado, y cómo todos se hacen bien en aquellas
partes, quiero decir de los otros naturales de ellas; y porque todos los que hay en las islas (y muchos más) los hay
en la Tierra-Firme, diré de los que se me acordare, todavía
ocurriendo a la protestación que al principio hice, y es que
está todo lo que aquí diré, con lo demás que se me olvidare,
copiosamente escrito en mi General historia de Indias; y comenzando del mamey, digo así.

Capítulo LXII. Mamey

Las principales plantas y mantenimiento de los indios son
la yuca y maíz, de que hacen pan, y también vino del maíz,
como atrás se dijo; hay otras frutas muy buenas, sin aquello.
Hay una fruta que se llama mamey, el cual es un árbol grande
y de hermosas y frescas hojas. Hace una graciosa y excelente
fruta, y de muy suave sabor, tan gruesa por la mayor parte
como dos puños cerrados y juntos; la color es como de la
peraza, leonada la corteza, pero más dura algo y espesa, y el
cuesco está hecho tres partes, junta la una a par de la otra, en
el medio de lo macizo, a manera de pepitas, y de la color y tez
de las castañas injertas mondadas, y así propio que ninguna
cosa le faltaría para ser las mismas castañas si aquel sabor
tuviese; pero aquesto cuesco así dividido o pepita es amarguí-
simo su sabor como la hiel; pero sobre aquello está una telica
muy delgada, entre la cual y la corteza está una carnosidad

como leonada, y sabe a melocotones y duraznos, o mejor, y huele muy bien, y es más espesa esta fruta y de más suave gusto que el melocotón, y esta carnosidad que hay desde el dicho cuesco hasta la corteza es tan gruesa como un dedo, o poco menos, y no se puede mejorar ni ver otra mejor fruta.

Capítulo LXIII. Guanábano

El guanábano es un árbol muy grande y hermoso en la vista, y alto, y las ramas de él derechas, y la hoja de él de larga y ancha facción y fresco verdor, y hace unas piñas, o fruta que lo parecen, tan grandes como melones, pero prolongadas, y por encima tienen unas labores sutiles que parece que señalan escamas, pero no lo son ni se abren; antes cerrada en torno, está toda cubierta de una corteza del gordor de cáscara de melón, o algo menos, y de dentro está llena de una pasta como manjar blanco, salvo que aunque es tan espesa, es aguanosa y de lindo sabor templado, con un agrio suave y apacible, y entre aquella carnosidad tiene unas pepitas mayores que las de la cañafístola, y de aquella color y casi tan duras; y aunque un hombre se coma una guanábana de éstas que pese dos o tres libras y más, no le hace daño ni empacho en el estómago, y es muy templada y de hermosa vista; solamente se deja comer de ella aquella corteza delgada que tiene y las pepitas; y hay algunas que son de cuatro libras y más, y si la tienen empezada, aunque esté algunos días no se torna de mal sabor, salvo que se va enjugando y consumiendo en parte, destilándose la humedad y agua de ella estando decentada, y las hormigas luego vienen a la que está partida, y por esto nunca la comienzan sino para acabarla; y hay muchas de estas guanábanas, así en las islas como en la Tierra-Firme.

Capítulo LXIV. Guayaba

El guayabo es un árbol de buena vista, y la hoja de él casi como la del moral, sino que es menor, y cuando está en flor huele muy bien, en especial la flor de cierto género de estos guayabos; echa unas manzanas más macizas que las manzanas de acá, y de mayor peso, aunque fuesen de igual tamaño, y tienen muchas pepitas, o mejor diciendo, están llenas de granitos muy chicos y duros, pero solamente son enojosas de comer a los que nuevamente las conocen, por causa de aquellos granillos; pero a quien ya la conoce es muy linda fruta y apetitosa, y por de dentro son algunas coloradas y blancas; y donde mejores yo las he visto es en el Darién, y por aquella tierra, que en parte de cuantas yo he estado de Tierra-Firme; las de las islas no son tales, y para quien la tiene en costumbre es muy buena fruta, y mucho mejor que manzanas.

Capítulo LXV. Cocos

El coco es género de palma, y la grandeza y hoja de la misma manera de las palmas reales de los dátiles, excepto que difieren en el nacimiento de las hojas, porque las de los cocos nacen en la vara de la palma de la manera que están los dedos de la mano cuando con la otra mano se entretejen, y así están después más desparcidas las hojas. Estas palmas o cocos son altos árboles, y hay muchos de ellos en la costa de la mar del Sur, en la provincia del cacique Chiman, al cual dicho cacique yo tuve cierto tiempo en encomienda con doscientos indios. Estos árboles o palmas echan una fruta que se llama coco, que es de esta manera: toda junta, como está en el árbol, tiene el bulto mayor mucho que una gran cabeza de un hombre, y desde encima hasta lo de en medio, que es la fruta, está rodeada y cubierta de muchas telas, de la manera que aquella estopa con que están cubiertos los palmitos de tierra en el Andalucía; digo de tierra, que no son palmitos de palmas altas; y de aquella estopa y telas en Levante hacen los indios telas muy buenas y jarcias, y las telas las hacen de tres o cuatro maneras, así para velas de los navíos como para vestirse, y las cuerdas delgadas y más gruesas, y hasta cables y jarcias de navíos; pero en estas Indias de vuestra majestad no curan los indios de estas cuerdas y telas que se pueden hacer de la lana de estos cocos, como se hacen en Levante, porque tienen mucho algodón y muy hermoso sobrado. Esta fruta que está en medio de la dicha estopa, como es dicho, es tan grande como un puño cerrado, y algunos como dos, y más y menos, y es una manera de nuez o cosa redonda, algo más prolongada que ancha y dura, y de dentro, pegado al casco de aquella nuez, una carnosidad de la anchura de la mitad de la groseza del menor dedo de la mano, la cual es blanca como una almendra y de muy suave gusto. Cómese así como se comerían almendras mondadas, y después de mascada esta fruta, queda alguna cibera como de la almendra, pero si la quisieren tragar, no es despacible, aunque ido el zumo por la garganta abajo antes que esta cibera se trague, parece que queda aquello mascado algo áspero, pero no mucho ni para que se deba desechar cuando el coco es fresco y ha poco que se quitó del árbol. Esta carnosidad o fruta, no comiéndola y majándola mucho, y después colándola, se saca leche de ella, muy mejor y más suave que las de los ganados, y de mucha substancia, la cual los cristianos echan en las mazamorras que hacen del maíz o del pan, a manera de puches o poleadas; y por causa de esta leche de los cocos son las dichas mazamorras excelente manjar, y sin dar empacho en el estómago, dejan tanto contentamiento en el gusto y tan satisfecha la hambre, como si muchos manjares y muy buenos hubiesen comido; pero procediendo adelante, es de saber que por tuétano o cuesco de esta fruta está en el medio de ella, circundado de la dicha carnosidad, un lugar vacuo, pero lleno de una agua clarísima y excelente, y tanta cantidad, cuanta cabría dentro de un huevo, o más o menos, según el tamaño del coco; la cual agua bebida es la más sustancial, la más excelente y la más preciosa cosa que se puede pensar ni beber, y en el momento parece que así como es pasada del paladar (de planta pedis usque ad verticem) ninguna cosa ni parte queda en el hombre que deje de sentir consolación y maravilloso contentamiento. Cierto parece cosa de más excelencia que todo lo que sobre la tierra se puede gustar, y en tanta manera, que no lo sé encarecer ni decir. Adelante prosiguiendo, digo que aquel vaso de esta fruta, después de quitado de él el majar, queda muy liso, y le limpian y pulen sutilmente, y queda por de fuera de muy buen lustre, que declina a color negro, y de dentro de muy buen tez; los que acostumbran beber en aquellos vasos, y son dolientes de la ijada, dicen que hallan maravilloso y conocido remedio contra tal enfermedad, y rómpeseles la piedra a los que la tienen, y hácela echar por la orina. Todas estas cosas que he dicho sumariamente aquí a vuestra majestad, tiene aquesta fruta de estos cocos. El nombre de coco se les dijo porque aquel lugar donde está asida en el árbol aquesta fruta, quitando el pezón, deja allí un hoyo, y encima de aquél tiene otros dos hoyos naturalmente, y, todos tres vienen a hacerse como un gesto o figura de un monillo que coca, y por eso se dijo coco; pero en la verdad, como primero se dijo, este árbol es especie de palma, y según Plinio y otros naturales lo escriben, todas las palmas son útiles y, provechosas para esta enfermedad de la ijada; y de aquí viene que los cocos, como fruto de palma, sean útiles a semejante dolencia.

Capítulo LXVI. Palmas

En el capítulo de suso se dijo que los cocos son género de palmas; y por esto, antes que se diga de otros árboles, es bien que de las palmas se diga un poco. Las que llevan dátiles, hasta ahora no se han hallado en aquellas partes; pero por industria de los cristianos ya hay muchas en las islas de Santo Domingo o Española, y en la de Cuba y San Juan y, Jamaica, así en las casas de morada como en las huertas y jardines; que de los cuescos de los dátiles que se llevaron de acá fue su origen y, principio; y en la ciudad de Santo Domingo en muchas casas las hay muy hermosas, y en una casa en que yo vivo y tengo en aquella ciudad hay una palma que cada un año lleva mucha fruta, y es muy grande y de las más hermosas que hay en aquella tierra toda.

Pero de las palmas naturales de las islas y Tierra-Firme hay siete o ocho maneras y diferencias de ellas. Hay unas que tienen la hoja como la de los palmitos terreros del Andalucía, que es como una palma o mano de un hombre, abiertos los dedos, y éstas llevan por fruta unas cuentas pequeñas y redondas.

Hay otras palmas que echan la hoja como las de los dátiles, y aquéstas echan otra forma de cuentas mayores, pero no tan duras como las que se dijo de suso.

Hay otras palmas de la misma manera de hojas, y son muy excelentes los palmitos para comer, y muy grandes y tiernos, y también llevan cuentas.

Hay otras palmas que también son muy buenos los palmitos para comer, y son algo más bajas y más gruesas que las susodichas, y llevan asimismo cuentas.

Hay otras palmas altas y de buenos palmitos, y llevan por fruta unos cocos, no mayores que las aceitunas cordobesas, y son como el coco sin la estopa, sino solo el cuesco, con los tres agujerillos que le hacen parecer mono cocando; pero son aquestos cocos menudos y macizos, y no sirven de nada.

Hay otras palmas altas muy espinosas, las cuales son de la más excelente madera que puede ser, y es muy negra la madera y muy pesada y de lindo lustre, y no se tiene sobre agua esta madera, que luego se va a lo hondo; hácense de ella muy buenas saetas y virotes, y cualesquiera astas de lanzas o picas, y digo picas porque en la costa del sur, delante de Esquegna y Urraca, traen los indios picas de aquestas palmas, muy hermosas y luengas; y donde pelean los indios con tiraderas, las hacen de esta manera, tan luengas como dardos, y aguzadas las puntas, con que tiran y pasan un hombre y una rodela; asimismo hacen macanas para pelear, y cualquiera asta o cosa que se haga de esta madera es muy hermosa, y para hacer címbalos o vihuelas o cualquier instrumento de música que se requiera madera, es muy gentil, porque, demás de ser muy durísima, es tan negra como un buen azabache.

Capítulo LXVII. Pinos

Hay en la isla Española pinos naturales como los de España, que no llevan piñones, y de la misma manera son aquéllos, y en otra parte de las islas y Tierra-Firme yo no he oído que los haya, a lo que se me puede acordar al presente.

Capítulo LXVIII. Encinas

En la costa de la mar de la Sur, al occidente, partiendo de Panamá y delante de la provincia de Esquegna, se han hallado muchas encinas, y llevan bellotas, y son buenas de comer; lo cual en Tierra-Firme yo oí, y me informé de los mismos cristianos que lo vieron y comieron de las dichas bellotas.

Capítulo LXIX. Parras y uvas

En aquellas partes de Tierra-Firme por los montes y bosques de arboledas se hallan muchas veces muy buenas parras salvajes y muy cargadas de uvas y racimos de ellas, no muy menudas, sino más gruesas que las que en España nacen en los sotos, y no tan agrias, sino mejores y de mejor sabor, y yo las he comido muchas veces y en mucha cantidad; de que quiero inferir que se harán muy bien las viñas y parrales en aquellas partes queriéndose dar a ellas; y todas las que yo he visto y comido de estas uvas son negras. En Santo Domingo he comido yo muy buenas uvas de las que se han hecho en parras, llevados los sarmientos de España, blancas y gruesas, y de tan buen sabor como acá.

Capítulo LXX. De los higos del mastuerzo

En la costa del poniente, partiendo de la villa de Acla, y pasando adelante del golfo de San Blas y del puerto del Nombre de Dios, la costa abajo, en tierra de Veragua y en las islas de Corobaro, hay unas higueras altas, y tienen las hojas trepadas y más anchas que las higueras de España, y llevan unos higos tan grandes como melones pequeños, los cuales nacen pegados en el tronco principal de la higuera en lo alto de ella, y muchos de ellos en las ramas y en cantidad, y tienen la corteza o cuero delgado, y todo lo demás es de una carnosidad espesa como la del melón, y de buen sabor, y córtase a rebanadas como el melón; y en el medio del dicho higo o fruto tienen las pepitas, las cuales son menudas y negras, y envueltas en una manera de materia y humor, de la forma que lo están las de los membrillos, y son tanta cantidad como un huevo de gallina, poco más o menos, según la cantidad del higo o fruta de suso expresada, y aquellas pepitas se comen y son sanas, pero del mismo sabor, ni más ni menos, que el mastuerzo. Y por esto los que por aquellas partes andamos sirviendo a vuestra majestad llamamos esta fruta los higos del mastuerzo, de la cual simiente se ha puesto en el Darién, y se hicieron estas higueras muy bien, y yo comí muchos higos de estos, y son de la manera que lo he dicho.

Capítulo LXXI. Membrillos

Hay unas frutas que en Tierra-Firme los cristianos las llaman membrillos, pero no lo son, mas son de aquel tamaño, y redondos y amarillos, y la corteza tiénenla verde, y amarga, y quítansela, y hácenlos cuartos y sácanles ciertas pepitas que tienen amargas, y lo demás échanlo en la olla a cocer con la carne o sin ella, con otras cosas que quieren guisar, y son muy buenos y sustanciales y de buen sabor y mantenimiento, y los árboles en que nacen son no grandes, y tienen más semejanza de plantas que de árboles, y hay mucha cantidad de ellos, y la hoja es casi de la manera de la hoja de los membrillos de España.

Capítulo LXXII. Perales

En Tierra-Firme hay unos árboles que se llaman perales, pero no son perales como los de España, mas son otros de no menos estimación; antes son de tal fruta, que hacen mucha ventaja a las peras de acá. Estos son unos árboles grandes, y la hoja ancha y algo semejante a la del laurel, pero es mayor y más verde. Echa este árbol unas peras de peso de una libra, y muy mayores, y algunas de menos; pero comúnmente son de a libra, poco más o menos, y la color y talle es de verdaderas peras, y la corteza algo más gruesa, pero más blanda, y en el medio tiene una pepita como castaña injerta, mondada; pero es amarguísima, según atrás se dijo del mamey, salvo que ésta es de una pieza, y la del mamey de tres, pero es así amarga y de la misma forma, y encima de esta pepita hay una telica delgadísima, y entre ella y la corteza primera está lo que es de comer, que es harto, y de un licor o pasta que es muy semejante a manteca y muy buen manjar y de buen sabor, y tal, que los que las pueden haber las guardan y precian; y son árboles salvajes así éste como todos los que son dichos, porque el principal hortelano es Dios, y los indios no ponen en estos árboles trabajo ninguno. Con queso saben muy bien estas peras, y cógense temprano, antes que maduren, y guárdanlas, y después de cogidas, se sazonan y ponen en toda perfección para las comer; pero después que están cuales conviene para comerse, piérdense si las dilatan y dejan pasar aquella sazón en que están buenas para comerlas.

Capítulo LXXIII. Higuero

El higuero es un árbol mediando, y algunos grandes, según donde nacen, y echan unas calabazas redondas que se llaman higueras, de las cuales hacen vasos para beber, como tazas, y en algunas partes de Tierra-Firme las hacen tan gentiles y tan bien labradas y de tan lindo lustre, que puede beber con ellas cualquier gran príncipe; y les ponen sus asideros de oro, y son muy limpias, y sabe muy bien en ellas el agua, y son muy necesarias y útiles para beber, porque los indios en la mayor parte de Tierra-Firme no tienen otros vasos.

Capítulo LXXIV. Hobos

Los hobos son árboles muy grandes y muy hermosos y de muy lindo aire, y sombra muy sana; hay mucha cantidad de ellos, y la fruta es muy buena y de buen sabor y olor, y es como unas ciruelas pequeñas amarillas, pero el cuesco es muy grande, y tienen poco que comer, y son dañosos para los dientes cuando se usan mucho, por causa de ciertas briznas que tienen pegadas al cuesco, por las cuales pasan las encías, cuando quiere hombre despegar de ellas lo que se come de esta fruta. Los cogollos de ellos echados en el agua, cociéndola con ellos, es muy buena para hacer la barba y lavar las piernas, y de muy buen olor; y las cáscaras o cortezas de este árbol, cocidas, y lavando las piernas con el agua, aprietan mucho y quitan el cansancio, y maravillosa y palpablemente es un muy excelente y salutífero baño; y es el mejor árbol que en aquellas partes hay para dormir debajo de él, y no causa ninguna pesadumbre a la cabeza, como otros árboles; y como en aquella tierra los cristianos acostumbran andar mucho al campo, está esto muy probado, y luego que hallan hobos cuelgan debajo de ellos sus hamacas o camas para dormir.

Capítulo LXXV. Del palo santo, al cual los indios llaman guayacán

Así en las Indias como en estos reinos de España y fuera de ellos es muy notorio el palo santo, que los indios llaman guayacán, y por esto diré de él alguna cosa en brevedad; éste es un árbol poco menos que nogal, y hay muchos de estos árboles, y muchos bosques llenos de ellos, así en la isla Española como en otras islas de aquellas mares; pero en Tierra-Firme yo no le he visto ni he oído decir que haya estos árboles. Este árbol tiene toda la corteza manchada de verde, y más verde y pardillo, como suelen estar un caballo muy overo o muy manchado; la hoja de él es como de madroño, pero es algo menor y más verde, y echa unas cosas amarillas pequeñas por fruto, que parecen dos altramuces, junto el uno al otro por los cantos. Es madero muy fortísimo y pesado, y tiene el corazón casi negro, sobre pardo; y porque la principal virtud de este madero es sanar el mal de las búas, y es cosa tan notoria, que no me detengo mucho en ello, salvo que del palo de él toman astillas delgadas, y algunos lo hacen limar, y aquellas limaduras cuécenlas en cierta cantidad de agua, y según el peso o parte que echan de este leño a cocer; y desque ha desmenguado el agua en el cocimiento las dos partes o más, quítanla del fuego y repósase, y bébenla los dolientes ciertos días por las mañanas en ayunas, y guardan mucha dieta, y entre día han de beber de otra agua, cocida con el dicho guayacán; y sanan sin ninguna duda muchos enfermos de aqueste mal; pero porque yo no digo aquí tan particularmente esta manera de cómo se toma este palo o agua de él, sino cómo se hace en la India, donde es más fresco, el que tuviere necesidad de este remedio, no se cure por lo que yo aquí escribo, porque acá es otra tierra y temple de aires y es más fría región, y conviene guardarse los dolientes más y usar de otros términos; pero es tan usado, y saben ya muchos cómo acá se ha de hacer, y de aquellos tales se informe quien tuviere necesidad de curarse; solamente sabré yo aprovechar en consejar al que quisiere escoger el mejor guayacán, que lo procure de la isla Beata. Puede vuestra majestad tener por cierto que aquesta enfermedad vino de las Indias, y es muy común a los indios, pero no peligrosa tanto en aquellas partes como en éstas; antes muy fácilmente los indios se curan en las islas con este palo, y en Tierra-Firme con otras yerbas o cosas que ellos saben, porque son muy grandes herbolarios. La primera vez que aquesta enfermedad en España se vio fue después que el almirante don Cristóbal Colón descubrió las Indias y tornó a estas partes, y algunos cristianos de los que con él vinieron que se hallaron en aquel descubrimiento, y los que el segundo viaje hicieron, que fueron más, trajeron esta plaga, y de ellos se pegó a otras personas; y después, el año de 1495, que el gran capitán don Gonzalo Fernández de Córdoba pasó a Italia con gente en favor del rey don Fernando joven de Nápoles, contra el rey Charles de Francia, el de la cabeza gruesa, por mandado de los Católicos reyes don Fernando y doña Isabel, de inmortal memoria, abuelos de vuestra sacra majestad, pasó esta enfermedad con algunos de aquellos españoles, y fue la primera vez que en Italia se vio; y como era en la sazón que los franceses pasaron con el dicho rey Charles, llamaron a este mal los italianos el mal francés, y los franceses le llaman el mal de Nápoles, porque tampoco le habían visto ellos hasta aquella guerra, y de ahí se esparció por toda la cristiandad, y pasó en África por medio de algunas mujeres y hombres tocados de esta enfermedad; porque de ninguna manera se pega tanto como de ayuntamiento de hombre a mujer, como se ha visto muchas veces, y asimismo de comer en los platos y beber en las copas y tazas que los enfermos de este mal usan, y mucho más en dormir en las sábanas y ropa que los tales hayan dormido; y es tan grave y trabajoso mal, que ningún hombre que tenga ojos puede dejar de haber visto mucha gente podrida y tornada en San Lázaro a causa de esta dolencia, y asimismo han muerto muchos de ella; y los cristianos que se dan a la conversación y ayuntamiento de las indias, pocos hay que escapen de este peligro; pero, como he dicho, no es tan peligroso allá como acá, así porque allá este árbol es más provechoso y fresco, hace más operación, como porque el temple de la tierra es sin frío y ayuda más a los tales enfermos que no el aire y constelaciones de acá. Donde más excelente es este árbol para este mal, y por experiencia más provechoso, es el que se trae de una isla que se llama la Beata, que es cerca de la isla de Santo Domingo de la Española, a la banda del mediodía.

Capítulo LXXVI. Jagua

Entre los otros árboles que hay en las Indias, así en las islas como en la Tierra-Firme, hay una natura de árbol que se dice jagua, del cual género hay mucha cantidad de árboles. Son muy altos y derechos y hermosos en la vista, y hácense de ellos muy buenas astas de lanzas, tan luengas y gruesas como las quieren, y son de linda tez y color entre pardo y blanco. Este árbol echa una fruta tan grande como dormideras, y que les quiere mucho parecer, y es buena de comer cuando está sazonada; de la cual fruta sacan agua muy clara, con la cual los indios se lavan las piernas, y a veces toda la persona, cuando siente las carnes relajadas o flojas, y también por su placer se pintan con esta agua; la cual, demás de ser su propia virtud apretar y restringir, poco a poco se torna tan negro todo lo que la dicha agua ha tocado como un muy fino azabache, o más negro, la cual color no se quita sin que pasen doce o quince días, o más, y lo que toca en las uñas, hasta que se mudan, o cortándolas poco a poco como fueren creciendo, si una vez se deja para bien negro; lo cual yo he muy bien probado, porque también a los que por aquellas partes andamos, a causa de los muchos ríos que se pasan, es muy provechosa la dicha jagua para las piernas desde las rodillas abajo; suélense hacer muchas burlas a mujeres rociándolas descuidadamente con agua de esta jagua, mezclada con otras aguas olorosas, y sálenles más lunares de los que querrían; y la que no sabe de qué causa, pónenla en congoja de buscar remedios, todos los cuales son dañosos, o aparejados más para se quemar o desollar el rostro que no para guarecerle, hasta que haga su curso, y poco a poco por sí misma se vaya deshaciendo aquella tinta. Cuando los indios han de ir a pelear se pintan con esta jagua y con bija, que es una cosa a manera de almagre, pero más colorada, y también las indias usan mucho de esta pintura.

Capítulo LXXVII. Manzanas de la yerba

Las manzanillas de que los indios caribes flecheros hacen la yerba que tiran con sus flechas nacen en unos árboles copados, de muchas ramas y hojas, y espesos y muy verdes, y cargan mucho de esta mala fruta, y son las hojas semejantes a las del peral, excepto que son menores y más redondas. La fruta es de la manera de las peras moscarelas de Sicilia o de Nápoles al parecer, y el talle y tamaño según las cermeñas, de talle de peras pequeñas, y en algunas partes están manchadas de rojo, y son de muy suave olor; estos árboles por la mayor parte siempre nacen y están en las costas de la mar y junto al agua de ella, y ningún hombre hay que los vea, que no codicie comer muchas peras o manzanillas de éstas. De aquesta fruta, y de las hormigas grandes que causan los encordios de que atrás se dijo, y de víboras y otras cosas ponzoñosas, hacen los indios caribes flecheros la yerba con que matan con sus saetas y flechas; y nacen, como he dicho, estos manzanos cerca del agua de la mar; y todos los cristianos que en aquellas partes sirven a vuestra majestad piensan que ningún remedio hay tal para el herido de esta yerba como el agua de la mar, y lavar mucho la herida con ella, y de esta manera han escapado algunos, pero muy pocos; porque en la verdad, aunque esta agua de la mar sea la contrayerba, si por caso lo es, no se sabe aún usar del remedio, ni hasta ahora los cristianos le alcanzan, y de cincuenta que hieran, no escapan tres; pero para que mejor pueda vuestra majestad considerar la fuerza de la ponzoña de estos árboles, digo que solamente echarse un hombre poco espacio de hora a dormir a la sombra de un manzano de éstos, cuando se levanta tiene la cabeza y ojos tan hinchados, que se le juntan las cejas con las mejillas, y si por acaso cae una gota o más del rocío de estos árboles en los ojos, los quiebra, o a lo menos los ciega. No se podría decir la pestilencial natura de estos árboles, de los cuales hay asaz copia desde el golfo de Urabá, en la costa del norte, a la banda de poniente o del levante, y tantos, que son sin número; y la leña de ellos cuando arde no hay quien la pueda sufrir, porque incontinenti da muy grandísimo dolor de cabeza.

Capítulo LXXVIII. Arboles grandes

En Tierra-Firme hay tan grandes árboles, que si yo hablase en parte que no hubiese tantos testigos de vista, con temor lo osaría decir. Digo que a una legua del Darién, o ciudad de Santa María del Antigua, pasa un río harto ancho y muy hondo, que se llama el Cuti, y los indios tenían un árbol grueso, atravesado de parte a parte, que tomaba todo el dicho río, por el cual pasaron muchas veces algunos que en aquellas partes han estado, que ahora están en esta corte, y yo asimismo; el cual era muy grueso y muy luengo; y como días había que estaba allí, íbase, abajando en el medio de él; y aunque pasaban por encima, era en un trecho de él dando el agua cerca de la rodilla. Por lo cual ahora tres años, en el año de 1522, siendo yo justicia por vuestra majestad en aquella ciudad, hice echar otro árbol poco más abajo del susodicho, que atravesó todo el dicho río y sobró de la otra parte más de cincuenta pies, y más grueso, y quedó encima del agua más de dos codos, y al caer que cayó, derribó otros árboles y ramas de los que estaban del otro cabo, y descubrió ciertas parras de las que atrás se hizo mención, de muy buenas uvas negras, de las cuales comimos muchas más de cincuenta hombres que allí estábamos. Tenía este árbol, por lo más grueso de él, más de diez y seis palmos; pero a respecto de otros muchos que en aquella tierra hay, era muy delgado, porque los indios de la costa y provincia de Cartagena hacen canoas, que son las barcas en que ellos navegan, tan grandes, que en algunas van ciento, y ciento y treinta hombres, y son de una pieza y árbol solo; y de través, al ancho de ellas, cabe muy holgadamente una pipa o bota, quedando a cada lado de ella lugar por do pueda muy bien pasar la gente de la canoa. Y algunas son tan anchas, que tienen diez y doce palmos de ancho, y las traen y navegan con dos velas, que son la maestra y el trinquete; las cuales velas ellos hacen de muy buen algodón.

El mayor árbol que yo he visto en aquellas partes ni en otras, fue en la provincia de Guaturo; el cacique de la cual, estando rebelado de la obediencia y servicio de vuestra majestad, yo fui a buscarle y le prendí; y pasando, con la gente que conmigo iba, por una sierra muy alta y muy llena de árboles, en lo alto de ella topamos un árbol, entre los otros, que tenía tres raíces o partes de él en triángulo, a manera de trébedes, y dejaba entre cada uno de estos tres pies abierto más espacio de veinte pies, y tan alto, que una muy ancha carreta y envarada, de la manera que en este reino de Toledo las envaran al tiempo que cogen el pan, cupiera muy holgadamente por cualquiera de todas tres lumbres o espacio que quedaba de pie a pie, y en lo alto de tierra, más espacio que la altura de una lanza de armas se juntaban todos tres palos o pies y se resolvían en un árbol o tronco, el cual subía muy más alto en una pieza sola, antes que desparciese ramas, que no es la torre de San Román de aquesta ciudad de Toledo; y de aquella altura arriba echaba muchas ramas grandes. Algunos españoles subieron por el dicho árbol, y yo fui uno de ellos, y desde adonde llegué por él, que fue hasta cerca de donde comenzaba a echar brazos o las ramas, era cosa de maravilla ver la mucha tierra que desde allí se parecía hacia la parte de la provincia de Abrayme. Tenía muy buen subidero el dicho árbol, porque estaban muchos bejucos rodeados al dicho árbol, que hacían en él muy seguros escalones. Sería cada pie de estos tres sobre que dije que nacía o estaba fundado este árbol, más gruesos que veinte palmos; y después que todos tres pies en lo alto se juntaban en uno, aquel principal era de más de cuarenta y cinco palmos en redondo. Yo le puse nombre a aquella montaña, la sierra del Árbol de las Trébedes. Esto que he dicho vio toda la gente que conmigo iba cuando, como dicho es, yo prendí al dicho cacique de Guaturo el año de 1522. Muchas cosas se podrían decir en esta materia, y muy excelentes maderas hay, y de muchas maneras y diferencias, así como cedros de muy buen olor, y palmas negras, y mangles, y de otras muchas suertes, y muchos de ellos tan pesados, que no se sostienen sobre el agua, y se van a lo hondo de ella; y otros tan ligeros, que el corcho no lo es más. Solamente lo que a esta parte toca no se podría acabar de escribir en muchas más hojas que todo lo que de esta relación o sumario está escrito.

Y porque la materia es de árboles, antes que pase a otras cosas quiero decir la manera de cómo los indios con palos encienden fuego donde quiera que ellos lo quieren hacer, y es de aquesta manera: toman un palo tan luengo como dos palmos y tan grueso como el más delgado dedo de la mano, o como es una saeta, y muy bien labrado y liso, de una madera muy fuerte que ya ellos tienen para aquello; y donde se paran para encender la lumbre toman dos palos de los secos y más livianos que hallan por tierra, y muy juntos el uno a par del otro, como los dedos apretados, y entre medias de los dos ponen de punta aquel palillo recio, y entre las palmas tuercen recio, frotando muy continuamente; y como lo bajo de este palillo está luciendo a la redonda en los dos palos bajos que están tendidos en tierra, se encienden aquellos en poco espacio de tiempo, y de esta manera hacen lumbre.

Asimismo es bien que se diga lo que a la memoria ocurre de ciertos leños que hay en aquella tierra, y aun en España algunas veces se hallan, y éstos son unos troncos podridos de los que ha mucho tiempo que están caídos por tierra, que están ligerísimos y blancos, y relucen de noche propiamente como brasas vivas; y cuando los españoles hallan de estos palos y van de noche a entrar a hacer la guerra en alguna provincia, y les es necesario andar alguna vez de noche por parte que no se sabe el camino, toma el delantero cristiano que guía y va junto al indio que les enseña el camino, una astilla de este palo y pónesela en el bonete, detrás sobre las espaldas, y el que va tras aquel síguele atinando y viendo la dicha astilla que así reluce, y aquel segundo lleva otra, tras el cual va el tercero, y de esta manera todos las llevan, y así ninguno se pierde ni aparta del camino que llevan los delanteros. Y como quiera que esta lumbre o resplandor no parece del muy lejos, es un aviso muy bueno, y que por él no son descubiertos ni sentidos los cristianos, ni los pueden ver desde muy lejos.

Una muy gran particularidad se me ofrece de que Plinio, en su natural historia, hace expresa mención, y es que dice qué árboles son aquellos que siempre están verdes y no pierden jamás la hoja, así como el laurel, y el cidro, y naranjo, y olivo, y otros, en que por todos dice hasta cinco o seis. A este propósito digo que en las islas y Tierra-Firme sería cosa muy difícil hallar dos árboles que pierdan la hoja en algún tiempo; porque aunque he mirado mucho en ello, ninguno he visto ni me acuerdo que la pierda, ni de aquellos que se han llevado de España, así como naranjos, y limones, y cidros, y palmas, y granados, y todos los demás, de cualquier género que sean, excepto el cañafístolo, que éste la pierde, y tiene otro extremo más, en lo cual es solo, que así como todos los árboles y plantas en las Indias echan sus raíces en obra o cantidad de un estado en hondo, y algo menos o muy poquito más de la superficie de la tierra, y de allí adelante no pasan, por el calor o disposición contraria que en lo más hondo de lo que es dicho hallan, el cañafístolo no deja de entrar más abajo, y no para hasta tocar en el agua. Esto no lo hace otro árbol alguno ni planta en aquellas partes; y esto baste cuanto a lo que toca a los árboles, porque, como dicho es, es cosa para se poder extender la pluma y escribir una larguísima historia.

Capítulo LXXIX. De las cañas

No he querido poner en el capítulo antes de éste lo que aquí se dirá de las cañas, ni las quiero mezclar con las plantas, porque es cosa mucho de notar y mirar particularmente. En Tierra-Firme hay muchas maneras de cañas, y en muchas partes hacen casas y las cubren con los cogollos de ellas, y hacen las paredes de las mismas, como atrás se dijo; pero entre muchas maneras de cañas, hay una de unas que son grosísimas y de tan grandes canutos como un muslo de un hombre grueso, y de tres palmos y mucho más de luengo, y que pueden caber más de un cántaro de agua cada cañuto; y hay otras de menos groseza y del tamaño que los quieren, y hacen muy buenos carcajes para traer las saetas en los canutos de ellas. Pero una manera de cañas hay en Tierra-Firme, que son cosas de mucha admiración, las cuales son tan gruesas o algo más que astas de lanzas jinetas, y los cañutos más luengos que dos palmos, y nacen lejos unas de otras, y acaece hallar una o dos de ellas desviadas la una de la otra veinte y dos y treinta pasos, y más y menos, y no hallar otra a veces en dos o tres o más leguas, y no nacen en todas provincias, y siempre nacen cerca de árboles muy altos, a los cuales se arriman, y suben por encima de las ramas de ellos, y tornan para abajo hasta el suelo; y todos los cañutos de estas tales cañas están llenos de muy buena y excelente y clara agua, sin ningún resabio de mal sabor de la caña ni de otra cosa, más que si se cogiese de la mejor fuente del mundo, y no se halla haber hecho daño a ninguno que la bebiese. Antes muchas veces, andando por aquellas partes los cristianos, en lugares secos, que faltándoles el agua, se ven en mucha necesidad de ella y a punto de perecer de sed, topando estas cañas son socorridos en su trabajo, y por mucha que de ella beban, ningún daño les hace; y como las hallan, hácenlas trozos, y cada compañero lleva dos o tres cañutos, o los que puede o quiere, en que para seguir su jornada lleva una o dos azumbres de agua, y aunque la lleven algunas jornadas y luengo camino, va fresca y muy buena.

Capítulo LXXX. De las plantas y yerbas

Pues la brevedad de mi memoria ha dado la conclusión a lo que de los árboles me he acordado, pasemos a las plantas y yerbas que en aquellas partes hay. De las que tienen semejanza a las de España en la facción o en el sabor, o en alguna particularidad, se dirá con pocas palabras en lo que tocare a Tierra-Firme; porque en lo de las islas Española y las otras que están conquistadas, así de árboles como de plantas y yerbas de las que se llevaron de España, atrás queda dicho, y de todas aquéllas o las más de ellas hay asimismo en Tierra-Firme, así como naranjos agrios y dulces, y limones y cidros, y todas hortalizas, y melones muy buenos todo el año, y albahaca, la cual, no llevada de España, pero natural de aquella tierra, por los montes y en muchas partes las hallan, y asimismo yerba mora y verdolagas: estas tres cosas hay allá y son naturales de aquella tierra, y en facción, y tamaño, y sabor, y olor, y fruto son como en Castilla. Pero demás de éstas, hay mucho mastuerzo salvaje, que en el sabor es ni más ni menos que el de España; pero la rama es gruesa y mayor, y las hojas grandes. Y asimismo hay culantro muy bueno, y como el de acá en el sabor; pero muy deficiente en la hoja, la cual es muy ancha, y por ella algunas espinas muy sutiles y enojosas; pero no tanto que se deje de comer. Y hay asimismo trébol del mismo olor que el de España, pero de muchas hojas y más hermosa rama, y la flor blanca, y las hojas luengas y mayores que las del laurel, o tamañas.

Hay otra yerba casi del arte de la correhuela, salvo que es más sutil en rama y más ancha comúnmente la hoja, y llámase Y. Hácese a montones, o amontonada a muchas, la cual es para los puercos muy apetitosa y deseada, y engordan mucho con ella; y los cristianos se purgan con ella, y es muy excelente, y se puede dar esta purgación a un niño o a una mujer preñada, porque no es para más de tres o cuatro veces retraerse el que la toma; la cual majan mucho, y aquel zumo de ella cuélanlo, y porque pierda algo de aquel verdor échanle un poco de azúcar y beben una pequeña escudilla de ella en ayunas; pero no amarga, y aunque no le echen azúcar o miel se puede muy bien beber; ni todas las veces los cristianos tienen azúcar para se la echar, y a todos los que la toman aprovecha y la loan; lo cual algunos no hacen. Las avellanas, en las cuales pues, a consecuencia del purgar, me acordé de ellas, no debe tener todo hombre seguridad, porque a algunas personas he visto a quien ningún provecho han hecho ni les ha hecho purgar, y a otros estómagos hacen tanta corrupción, que los ponen en extremo o matan, y por su violencia ha de haber mucha consideración y tiento en las tomar. Aquéstas nacen en la Española y otras islas, y en Tierra-Firme yo no las he visto ni he oído hasta ahora que las haya. Son unas plantas que parecen casi árboles, y hacen unos flecos colorados amontonados, o que salen de un principio como los granos del hinojo, y en aquéllas se hacen las avellanas, a las cuales saben y parecen en el sabor, y aun mejor. En España hay mucha noticia de ellas, y muchos las buscan y se hallan bien con ellas.

Hay otras plantas que se llaman ajes, y otras que se llaman batatas, y las unas y las otras se siembran de la propia rama, la cual y las hojas tienen casi como correhuela o yedra tendidas por tierra, y no tan gruesa como la yedra hoja, y debajo de tierra nacen unas mazorcas como nabos o zanahorias; las ajes tiran a un color como entre morado azul, y las batatas más pardas, y asadas son excelente y cordial fruta, así los ajes como las batatas, pero las batatas son mejores.

Hay asimismo melones que siembran los indios, y se hacen tan grandes, que comúnmente son de media arroba, y de una, y más; tan grandes algunos, que un indio tiene qué hacer en llevar una a cuestas; y son macizos, y por de dentro blancos, y algunos amarillos, y tienen gentiles pepitas casi de la manera de las calabazas, y guárdanlos para entre el año; y lo tienen por muy principal mantenimiento y son muy sanos, y cómense cocidos a manera de cachos de calabazas, y son mejores que ellas.

Calabazas y berenjenas de España hay muchas, que se han hecho de la simiente de las que llevaron de España; pero las berenjenas acertaron en su tierra, y esles tan natural como a los negros Guinea, porque un pie de una berenjena muchas veces se hace tan grande como un estado, y mucho más, y comúnmente son las matas de ellas más altas que hasta la cinta, y dan berenjenas todo el año en un mismo pie o plantón de ella, sin la mudar, y las que están pequeñas hoy, cógenlas adelante, y nacen otras, y así prosiguiendo de continuo, dan fruto, y lo mismo hacen en aquella tierra los naranjos e higueras.

Hay una fruta que se llaman piñas, que nace en unas plantas como carcos a manera de las zaviras; de muchas pencas, pero más delgadas que las de la zavira, y mayores y espinosas; y de en medio de la mata nace un tallo tan alto como medio estado, poco más o menos, y grueso como los dos dedos, y encima de él una piña gruesa poco menos que la cabeza de un niño algunas; pero por la mayor parte menores, y llena de escamas por encima, más altas unas que otras, como las tienen las de los piñones; pero no se dividen ni se abren, sino estanse enteras estas escamas en una corteza del grosor de la del melón; y cuando están amarillas, que es dende a un año que se sembraron, están maduras y para comer, y algunas antes; y en el pezón de ellas algunas veces les nacen a esas piñas uno o dos cogollos, y continuamente uno encima en la cabeza de la dicha piña; el cual cogollo no hacen sino ponerle debajo de tierra, y luego prende, y en espacio de otro año hácese de aquel cogollo otra piña, así como es dicho, y aquel cardo en que la piña nace, después que es cogido, no vale nada ni da más fruto; y estas piñas ponen los indios y los cristianos cuando las siembran, a carreras y en orden como cepas de piñas, y huele esta fruta mejor que melocotones, y toda la casa huele por una o dos de ellas, y es tan suave fruta, que creo que es una de las mejores del mundo, y de más lindo y suave sabor y vista, y parecen en el gusto como los melocotones, que mucho sabor tengan de duraznos, y es carnosa como el durazno, salvo que tienen briznas como el cardo, pero muy sutiles, mas es dañosa cuando se continúa a comer para los dientes, y es muy zumosa, y en algunas partes los indios hacen vino de ellas, y es bueno; y son tan sanas, que se dan a dolientes, y les abre mucho el apetito a los que tienen hastío y perdida la gana de comer.

Unos árboles hay en la isla Española espinosos, que al parecer ningún árbol ni planta se podría ver de más salvajez ni tan feo, y según la manera de ellos, yo no me sabría determinar ni decir si son árboles o plantas; hacen unas ramas llenas de unas pencas anchas y disformes, o de muy mal parecer, las cuales ramas primero fue cada una penca como las otras, y de aquéllas, endureciéndose y alongándose, salen las otras pencas; finalmente, es de manera que es dificultoso de escribir su forma, y para darse a entender sería necesario pintarse, para que por medio de la vista se comprendiese lo que la lengua falta en esta parte. Para lo que es bueno este árbol o planta es, que majando las dichas pencas mucho, y tendido aquello a manera de emplasto en un paño, y ligando una pierna o brazo con ello aunque esté quebrada en muchos pedazos, en espacio de quince días lo suelda y junta como si nunca se quebrara, y hasta que haya hecho su operación está tan aferrada y asida esta medicina con la carne, que es muy dificultosa de la despegar; pero así como ha curado el mal y hecho su operación, luego ella por sí misma se aparta y despega de aquel lugar donde la habían puesto; y de este efecto y remedio que es dicho, hay mucha experiencia por los muchos que lo han probado.

Hay asimismo unas plantas que los cristianos llaman plátanos, los cuales son altos como árboles y se hacen gruesos en el tronco como un grueso muslo de un hombre, o algo más, y desde abajo arriba hecha unas hojas longuísimas y muy anchas, y tanto, que tres palmos o más son anchas, y más de diez o doce palmos de longura; las cuales hojas después el aire rompe, quedando entero el lomo de ellas. En el medio de este cogollo, en lo alto, nace un racimo con cuarenta o cincuenta plátanos, y más y menos, y cada plátano es tan luengo como palmo y medio, y de la groseza de la

muñeca de un brazo, poco más o menos, según la fertilidad
de la tierra donde nacen, porque en algunas partes son muy
menores; tienen una corteza no muy gruesa, y fácil de romper, y de dentro todo es médula, que desollado o quitada la
dicha corteza, parece un tuétano de una caña de vaca: hase
de cortar este racimo así como uno de los plátanos de él, se
para amarillo, y después cuélganlo en casa, y allí se madu-
ra todo el racimo con sus plátanos. Ésta es una muy buena
fruta, y cuando los abren y curan al Sol, como higos, son
después una muy cordial y suave fruta, y muy mejor que los
higos pasos muy buenos, y en el horno asados sobre una teja
o cosa semejante son muy buena y sabrosa fruta, y parece
una conserva melosa y de excelente gusto. Llévanse por la
mar, y duran algunos días, y hanse de coger para esto algo
verdes, y lo que duran, que son quince días o algo más, son
muy mejores en la mar que en la tierra, no porque navegados
se les aumente la bondad, sino porque en el mar faltan las
otras cosas que en la tierra sobran, y cualquiera fruta es allí
más preciada o de más contentamiento al gusto. Este tronco
(o cogollo, que se puede decir más cierto) que dio el dicho
racimo tarda un año en llevar o hacer esta fruta, y en este
tiempo ha echado en torno de sí diez o doce y más y menos
cogollos o hijos, tales como el principal, que hacen lo mismo
que el padre hizo, así en el dar sendos racimos de esta fruta a
su tiempo, como en procrear y engendrar otros tantos hijos,
según es dicho. Después que se corta el racimo del fruto,
luego se comienza a secar esta planta, y le cortan cuando
quieren, porque no sirve de otra cosa sino de ocupar en balde
la tierra sin provecho; y hay tantos, y multiplican tanto, que
es cosa para no se creer sin verlo: son humedísimos, y cuando alguna vez los quieren arrancar o quitar de raíz de algún
lugar donde están, sale mucha cantidad de agua de ellos y del

asiento en que estaban, que parece que toda la humedad de la tierra y aguaz de debajo de ella tenían atraída a su cepa y asiento. Las hormigas son muy amigas de estos plátanos, y se ven siempre en ellos gran muchedumbre de ellas por el tronco y ramas de los dichos plátanos, y en algunas partes han sido tantas las hormigas, que por respeto de ellas han arrancado muchos de estos plátanos y echándoles fuera de las poblaciones, porque no se podían valer de las dichas hormigas. Estos plátanos los hay en todo tiempo del año; pero no son por su origen naturales de aquellas partes, porque de España fueron llevados los primeros, y hanse multiplicado tanto, que es cosa de maravilla ver la abundancia que hay de ellos en las islas y en Tierra-Firme, donde hay poblaciones de cristianos, y son muy mayores y mejores, y de mejor sabor en aquellas partes que en aquéstas.

Hay unas plantas salvajes que se nacen por los campos, y yo no las he visto sino en la isla Española, aunque en otras islas y partes de las indias las hay. Llámanse tunas, y nacen de unos cardos muy espinosos, y echan esta fruta que llaman tunas, que parecen brevas o higos de los largos, y tienen unas coronillas como las níspolas, y de dentro son muy coloradas, y tienen granillos de la manera que los higos; y así, es la corteja de ellas como la del higo, y son de buen gusto, y hay los campos llenos en muchas partes; y después que se comen tres o cuatro de ellas (y mejor comiendo más cantidad), si el que las ha comido se para a orinar, echa la orina ni más ni menos que verdadera sangre, y en tal manera, que a mí me ha acaecido la primera vez que las comí y desde una hora quise hacer aguas (a lo cual esta fruta mucho incita), que como vi la color de la orina, me puso en tanta sospecha de mi salud, que quedé como atónito y espantado, pensando que de otra causa intrínseca o nueva dolencia me hubiese recrecido; y sin duda la imaginación me pudiera causar mucha pena, sino que fui avisado de los que conmigo iban, y me dijeron la causa, porque eran personas más experimentadas y antiguas en la tierra.

Hay unos tallos, que llaman bihaos que nacen en tierra y echan unas varas derechas y hojas muy anchas, de que los indios se sirven mucho, de esta manera: de las hojas cubren las casas algunas veces, y es muy buena manera de cubrir la casa; algunas veces cuando llueve se las ponen sobre las cabezas y se defienden del agua. Hacen asimismo ciertas cestas, que ellos llaman, habas, para meter la ropa y lo que quieren, muy bien tejidas, y en ellas entretejen estos bihaos, por lo cual, aunque llueva sobre ellas o se mojen en un río, no se moja lo que dentro de las dichas cestas hacen de las cortezas de los tallos de los dichos bihaos, y otras hacen de los mismos para poner sal y otras cosas, y son muy gentiles y bien hechas; y demás de esto, cuando en el campo se hallan los indios y les falta mantenimiento, arrancan los bihaos nuevos y comen la raíz o parte de lo que está debajo de tierra, que es tierno y no de mal sabor, salvo de la manera de lo que los juncos tienen tierno y blanco debajo de tierra.

Y pues ya estoy al fin en esta relación de lo que se me acuerda de esta materia, quiero decir otra cosa que me ocurre, y no es fuera de ella; lo que los indios hacen de ciertas cáscaras y cortezas y hojas de árboles que ya ellos conocen y tienen para teñir y dar colores a las mantas de algodón, que ellos pintan de negro y leonado y verde y azul y amarillo y colorado o rojo, tan vivas y subidas cada una, que no puede ser más en perfección, y en una olla, después que las han cocido, sin mudar la tinta, hacen distinción y diferencia de todas las colores que es dicho, y esto creo que está en disposición de la color con que entra lo que se quiere teñir, ora sea en hilo hilado, como pintado en las dichas mantas y cosas donde quieren poner las dichas colores o cualquier de ellas.

Capítulo LXXXI. Diversas particularidades de cosas
Muchas cosas se podrían decir y muy diferentes de las que están dichas, y de algunas que se van allegando a la memoria, porque no tan enteramente como son y se deberían decir se me acuerda, dejo de ponerlas aquí; pero de las que más puntualmente puedo hablar diré, así como de algunos cojijos que para molestia de los hombres produce la natura, para darles a entender cuán pequeñas y viles cosas son bastantes para los ofender e inquietar, y que no se descuiden del oficio principal para que el hombre fue formado, que es conocer a su Hacedor y procurar cómo se salven, pues tan abierta y clara está la vía a los cristianos y a todos los que quisieren abrir los ojos del entendimiento; y aunque sean algunas de estas cosas asquerosas o no tan limpias para oír como las que están escritas, no son menos dignas de notar para sentir las diferencias y varias operaciones de humana natura, y digo así:
En muchas partes de la Tierra-Firme, así como pasan los cristianos o los indios por los campos, así como hay muchas aguas, siempre andan con zarahuelles arremangados o sueltos, y de las yerbas se les pegan tantas garrapatas, que la sal molida es poco más menuda, y se cuajan o hinchen las piernas de ellas, y por ninguna manera se las pueden quitar ni despegar de las carnes, sino de una forma, que es untándose con aceite; y después que un rato están untadas las piernas o partes donde las tienen, ráenlas con un cuchillo, y así las quitan; y los indios que no tienen aceite chamúscanlas con fuego, y sufren mucha pena en se las quitar.

De los animales pequeños e importunos que se crían en las cabezas y cuerpos de los hombres, digo que los cristianos muy pocas veces los tienen, idos a aquellas partes, sino es alguno uno o dos, y aquesto rarísimas veces; porque después que pasemos por la línea del diámetro, donde las agujas hacen la diferencia del nordestear o noroestear, que es el paraje de las islas de los Azores, muy poco camino más adelante, siguiendo nuestro viaje y navegación para el poniente, todos los piojos que los cristianos llevan suelen criar en las cabezas y cuerpos, se mueren y alimpian, que, como dicho es, ni se ven ni parecen, y poco a poco se despiden, y en las Indias no los crían, excepto algunos niños de los que nacen en aquellas partes, hijos de los cristianos; y comúnmente en las cabezas de los indios naturales todos los tienen, y aun en algunas partes, en especial en la provincia de Cueva, que dura más de cien leguas y comprende la una y otra costa del norte y del sur; los indios se espulgan unos a otros (y en especial las mujeres son las espulgaderas), y todos los que toman se los comen, y aun con dificultad se los podemos excusar y evitar a los indios que en casa nos sirven, que son de la dicha provincia; pero es de notar una cosa grande, que así como los cristianos estamos limpios de esta suciedad en las Indias, así en las cabezas como en las personas, cuando a estas partes de Europa volvemos, así como llegamos por el mar Océano al dicho paraje donde aquesta plaga cesó, según es dicho, como si nos estuviesen esperando, no los podemos por algunos días agotar, aunque se mude hombre dos o tres o más camisas al día, y tan menudísimos casi como liendres, y aunque poco a poco se vayan agotando, en fin tornan los hombres a quedar con algunos, según que antes en estas partes los solían, o según la limpieza de cada uno en este caso; pero no para más ni menos que antes se hacía. Esto he yo muy bien probado, pues ya cuatro veces he pasado el mar Océano y andado este camino.

Entre los indios en muchas partes es muy común el pecado nefando contra natura, y públicamente los indios que son señores y principales que en esto pecan tienen mozos con quien usan este maldito pecado; y los tales mozos pacientes, así como caen en esta culpa, luego se ponen naguas, como mujeres, que son unas mantas cortas de algodón, con que las indias andan cubiertas desde la cinta hasta las rodillas, y se ponen sartales y puñetes de cuentas y las otras cosas que por arreo usan las mujeres, y no se ocupan en el uso de las armas, ni hacen cosa que los hombres ejerciten, sino luego se ocupan en el servicio común de las casas, así como barrer y fregar y las otras cosas a mujeres acostumbradas: son aborrecidos estos tales de las mujeres en extremo grado; pero como son muy sujetas a sus maridos, no osan hablar en ello sino pocas veces, o con los cristianos. Llaman en aquella lengua de Cueva a estos tales pacientes camayoa; y así, entre ellos, cuando un indio a otro quiere injuriar o decirle por vituperio que es afeminado y para poco, le llama camayoa.

Los indios en algunas provincias, según ellos mismos dicen, truecan las mujeres con otros, y siempre les parece que gana en el trueco el que la toma más vieja, porque las viejas los sirven mejor.

Son muy grandes maestros de hacer sal de agua salada de la mar, y en esto ninguna ventaja les hacen los que en el dique de Gelanda, cenca de la villa de Mediolburgue, la hacen, porque la de los indios es tan blanca o más, y, es mucho más fuerte o no se deshace tan presto; yo he visto muy bien la una y la otra, y la he visto hacer a los unos y a los otros.

Es opinión de muchos que en aquellas partes debe haber piedras preciosas (no hablo en la Nueva España, porque ya de allí algunas se han visto y traído a España, y en Valladolid, el año pasado de 1524, estando allí vuestra majestad, vi una esmeralda traída de Yucatán o Nueva España, entallando en ella de relieve un rostro redondo, a manera de Luna de Plasma, la cual se vendió en más de cuatrocientos ducados de buen oro). Pero en Tierra-Firme, en Santa Marta, al tiempo que allí tocó el armada que el Católico rey don Fernando envió a Castilla del Oro, yo salté en tierra con otros, y se tomaron hasta mil y tantos pesos de oro de ciertas mantas y cosas de indios, en que se vieron plasmas de esmeraldas y corniolas y, jaspes y calcedonias y zafires blancos y ámbar de roca; todas estas cosas se hallaron donde he dicho, y se cree que de la tierra adentro les debía venir por trato y comercio que con otras gentes de aquellas partes deben tener; porque naturalmente todos los indios generalmente, más que todas las gentes del mundo, son inclinados a tratar y a trocar y baratar unas cosas con otras; y así, de unas partes se llevan adonde carecen de ella, y les dan oro o mantas o algodón hilado, o esclavos o pescado, o otras cosas; y en el Cenú, que es una provincia de indios flecheros caribes, que confina con la provincia de Cartagena, y está entre ella y la punta de Caribana, cierta gente que allí envió una vez Pedrarias de Ávila, gobernador de Castilla del Oro por vuestra majestad, fueron desbaratados, y mataron al capitán Diego de Bustamante y a otros cristianos, y éstos hallaron allí muchos cestos del tamaño de estos banastos que se traen de la montaña de Vizcaya con besugos; los cuales estaban llenos de cigarras y langostas y grillos; y decían los indios que allí fueron presos que los tenían para los llevar a otras tierras adentro, apartadas de la costa de la mar, donde no tienen pescado, y estiman mucho aquel majar para lo comer, en precio del cual daban y traían de allá otras cosas de que estotros tenían necesidad y las es-

timaban en mucho, y los de aculla tenían mucha cantidad
de las cosas que les daban a trueco o en precio de las dichas
cigarras y grillos.

Capítulo LXXXII. De las minas del oro
Aquesta particularidad de minas es cosa mucho para notar, y
puedo yo hablar en ellas mejor que otro, porque ha doce años
que en la Tierra-Firme sirvo de veedor de las fundiciones del
oro y de veedor de minas, al Católico rey don Fernando, que
en gloria está, y a vuestra majestad, y de esta causa he visto
muy bien cómo se saca el oro y se labran las minas, y sé muy
bien cuán riquísima es aquella tierra, y he hecho sacar oro
para mí con mis indios y esclavos; y puedo afirmar como testigo de vista que en ninguna parte de Castilla del Oro, que es
en Tierra-Firme, me pedirá minas de oro, que yo deje de ofre-
cerme a las dar descubiertas dentro de diez leguas de donde
se me pidieron y muy ricas, pagándome la costa del andarlas
a buscar, porque aunque por todas partes se halla oro, no
es en toda parte de seguirlo, por ser poco, y haber mucho
más en un cabo que en otro, y la mina o venero que se ha
de seguir ha de ser en parte que, según la costa se pusiere de
gente y otras cosas necesarias en buscar, que se pueda sacar
la costa, y demás de eso, se saque alguna ganancia, porque
de hallar oro en las más partes, poco o mucho, no hay duda.
El oro que se saca en la dicha Castilla del Oro es muy bueno
y de veintidós quilates y dende arriba; y demás de lo que de
las minas se saca, que es de mucha cantidad, se han habido y
cada día se han muchos tesoros de oro, labrados, en poder de
los indios que se han conquistado y de los que de grado o por
rescate y como amigos de los cristianos lo han dado, alguno
de ello muy bueno; pero la mayor parte de este oro labrado

140

que los indios tienen es encobrado, y hacen de ello muchas cosas y joyas, que ellos y ellas traen sobre sus personas, y es la cosa del mundo que comúnmente más estiman y precian. La manera de cómo el oro se saca es de esta forma, que o lo hallan en sabana o en el río. Sabana se llaman los llanos y vegas y cerros que están sin árboles, y toda tierra rasa con yerba o sin ella; pero también algunas veces se halla el oro en la tierra fuera del río en lugares que hay árboles, y para lo sacar cortan muchos y grandes árboles; pero en cualquiera de estas dos maneras que ello se halla, ora sea en el río o quebrada de agua o en tierra, diré en ambas maneras lo que pasa y se hace en esto. Cuando alguna vez se descubre la mina o venero de oro es buscando y dando caras en las partes que a los hombres mineros y expertos en sacar oro les parece que lo puede haber, y si lo hallan, siguen la mina y lábranlo en río o sabana, como dicho es; y siendo en sabana, limpian primero todo lo que está sobre tierra, y cavan ocho o diez pies en luengo, y otros tantos, o más o menos en ancho, según al minero le parece, hasta un palmo o dos de hondo e igualmente sin ahondar más lavan todo aquel lecho de tierra que hay en el espacio que es dicho; y si en aquel peso que es dicho se hallan oro, síguenlo; y si no, ahondan más otro palmo y lávanlo, y si tampoco lo hallan, ahondan más y más hasta que poco a poco, lavando la tierra, llegan a la peña viva; y si hasta ella no topan oro, no curan de seguirlo ni buscarlo más allí, y vanlo a buscar a otra parte; pero donde lo hallan, en aquella altura o peso, sin ahondar más, en aquella igualdad que se topa siguen el ejercicio de lo sacar hasta labrar toda la mina que tiene el que la halla, si la mina le parece que es rica; y esta mina ha de ser de ciertos pies o pasos en luengo, según límite que en esto y en el anchura que ha de tener la mina ya está determinado y ordenado que haya de terreno;

y en aquella cantidad ningún otro puede sacar oro, y donde
se acaba la mina del que primero halló el oro, luego a par de
aquél puede hincar estacas y señalar mina para sí el que quisiere. Estas minas de sabanas o halladas en tierra siempre han
de buscarse cerca de un río o arroyo o quebrada de agua o
balsa o fuente, donde se pueda labrar el oro, y ponen ciertos
indios a cavar la tierra, que llaman escopetar; y cavada, hinchan bateas de tierra, y otros indios tienen cargo de llevar las
dichas bateas hasta donde está el agua do se ha de lavar esta
tierra; pero los que las bateas de tierra llevan no las lavan,
sino tornan por más tierra, y aquélla que han traído dejan en
otras bateas que tienen en las manos los lavadores, los cuales
son por la mayor parte indias, porque el oficio es de menos
trabajo que lo demás; y estos lavadores están asentados orilla del agua, y tienen los pies hasta cerca de las rodillas o
menos, según la disposición de donde se asientan, metidos
en el agua, y tienen en las manos la batea, tomada por dos
asas o puntas para la asir (que la batea tiene), y moviéndo-
la, y tomando agua, y poniéndola a la corriente con cierta
maña, que no entra del agua más cantidad en la batea de la
que el lavador ha menester, y con la misma maña echándola
fuera, el agua que sale de la batea roba poco a poco y lleva
tras sí la tierra de la batea, y el oro se abaja a lo hondo de la
batea, que es cóncava y del tamaño de un bacín de barbero,
y casi tan honda; y desque toda la tierra es echada fuera,
queda en el suelo de la batea el oro, y aquél pone aparte, y
torna a tomar más tierra y lavarla, etc. Y así de esta manera
continuando cada lavador, saca al día lo que Dios es servido
que saque, según le place que sea la ventura del dueño de los
indios y gente que en este ejercicio se ocupan; y hace de notar
que para un par de indios que lavan son menester dos personas que sirvan de tierra a cada uno de ellos, y dos otros que

escopeten y rompan y caven, e hinchan las dichas bateas de servicio, porque así se llaman, de servicio, las bateas en que se lleva la tierra hasta los lavadores; y sin esto, es menester que haya otra gente en la estancia donde los indios habitan y van a reposar la noche, la cual gente labre pan y haga los otros mantenimientos con que los unos y los otros se han de sostener. De manera que una batea es, a lo menos en todo lo que es dicho, cinco personas ordinariamente. La otra manera de labrar mina en río o arroyo de agua se hace de otra manera, y es que echando el agua de su curso en medio de la madre, después que está seco y la han xamurado (que en lengua de los que son mineros quiere decir agotado, porque xamurar es agotar) hallan oro entre las peñas y hoquedades y resquicios de las peñas y, en aquello que estaba en la canal de la dicha madre del agua y, por donde su curso natural hacía; y a las veces, cuando una madre de éstas es buena y acierta, se halla mucha cantidad de oro en ella. Porque ha de tener vuestra majestad por máxima, y así parece por el efecto, que todo el oro nace en las cumbres y más alto de los montes, y que las aguas de las lluvias poco a poco con el tiempo lo trae y abaja a los ríos y quebradas de arroyos que nacen de las sierras, no obstante que muchas veces se halla en los llanos que están desviados de los montes; y cuando esto acaece, mucha cantidad se halla por todo aquello, pero por la mayor parte y más continuadamente se halla en las faldas de los cerros y en los ríos mismos y, quebradas; así que de una de estas dos maneras se saca el oro.

Para consecuencia del nacer el oro en lo alto y bajarse a lo bajo se ve un indicio grande que lo hace creer, y es aquéste. El carbón nunca se pudre debajo de tierra cuando es de madera recia, y acaece que labrando la tierra en la falda del cerro o en el comedio o otra parte de él, y rompiendo una mina en tierra virgen, y habiendo ahondado uno, y dos, y tres estados, o más, se hallan allá debajo en el peso que hallan el oro, y antes que le topen también; pero en tierra que se juzga por virgen y lo está, así para se romper y cavar algunos carbones de leña, los cuales no pudieron allí entrar, según natura, sino en el tiempo que la superficie de la tierra era en el peso que los dichos carbones hallan, y derribándolos el agua de lo alto, quedaron allí, y como después llovió otras innumerables veces, como es de creer, cayó de lo alto más y más tierra, hasta tanto que no por discurso de años fue creciendo la tierra sobre los carbones aquellos estados o cantidad que hay al presente, que se labran las minas desde la superficie hasta donde se topan con los dichos carbones.

Digo más, que cuanto más ha corrido el oro desde su nacimiento hasta donde se halló, tanto más está liso y purificado y de mejor quilate y subido, y cuanto más cerca está de la mina o vena donde nació, tanto más crespo y áspero le hallan y de menos quilates, y tanto más parte de él se menoscaba o mengua el tiempo de fundirlo y más agrio está. Algunas veces se hallan granos grandes y de mucho peso sobre la tierra, y a veces debajo de ella.

El mayor de todos los que hasta hoy en aquestas Indias se ha visto fue el que se perdió en la mar, cerca de la isla de la Beata, que pesaba tres mil doscientos castellanos, que son una arroba y siete libras, o treinta y dos libras de diez y seis onzas, que son sesenta y cuatro marcos de oro; pero otros muchos se han hallado, aunque no de tanto peso.

Yo vi el año de 1515 en poder del tesorero de vuestra majestad, Miguel de Pasamonte, dos granos, que el uno pesaba siete libras, que son catorce marcos, y el otro de diez marcos, que son cinco libras, y de muy buen oro de veinte y dos quilates o más.

Y pues aquí se trata del oro, paréceme que antes de pasar adelante y que se hable en otra cosa, se diga cómo los indios saben muy bien dorar las piezas de cobre o de oro muy bajo; lo cual ellos hacen, y les dan tan excelente color y tan subida, que parece que toda la pieza que así doran es de tan buen oro como si tuviese veinte y dos quilates o más. La cual color ellos le dan con ciertas yerbas, y tal, que cualquiera platero de los de España o de Italia, o donde más expertos los hay, se tendría el que así los supiese hacer, por muy rico con este secreto o manera de dorar. Y pues de las minas se ha dicho asaz por menudo la verdad, y particular manera que se tiene en sacar el oro, en lo que toca al cobre, digo que en muchas parte de las dichas islas y Tierra-Firme de estas Indias, se ha hallado, y cada día lo hallan, en gran cantidad y muy rico; pero no se curan hasta ahora de ello, no lo sacan, puesto que en otras partes sería muy grande tesoro la utilidad y provecho que del cobre se podría haber; pero como hay oro, lo más priva a lo menos, y no se curan de esotro metal. Plata, y muy buena y mucha, se halla en la Nueva España; pero, como al principio de este repertorio dije, yo no hablo en cosa alguna de aquella provincia al presente; pero todo está puesto y escrito por mí en la General historia de las Indias.

Capítulo LXXXIII. De los pescados y pesquerías
En Tierra-Firme los pescados que hay, y yo he visto, son muchos y muy diferentes; y pues de todos no será posible decirse aquí, diré de algunos; y primeramente digo que hay unas sardinas anchas y las colas bermejas, excelente pescado y de los mejores que allá hay. Mojarras, diahacas, jureles, dahaos, rajas, salmonados; todos éstos, y otros muchos, cuyos nombres no tengo en memoria, se toman en los ríos en grandísima

abundancia, y asimismo camarones muy buenos; pero en la mar asimismo se toman algunos de los de suso nombrados, y palometas, y acedias, y pargos, y lizas, y pulpos, y doradas, y sábalos muy grandes, y langostas, y jaibas, y ostias, y tortugas grandísimas, y muy grandes tiburones, y manatíes, y morenas, y otros muchos pescados, y de tanta diversidad y cantidad de ellos, que no se podría expresar sin mucha escritura y tiempo para lo escribir; pero solamente especificaré aquí, y diré algo más largo, lo que toca a tres pescados que de suso se nombraron, que son: tortuga, tiburón y el manatí. Y comenzando del primero, digo que en la isla de Cuba se hallan tan grandes tortugas, que diez y quince hombres son necesarios para sacar del agua una de ellas; esto he oído yo decir en la misma isla a tantas personas de crédito, que lo tengo por mucha verdad; pero lo que yo puedo testificar de vista de las que en Tierra-Firme se matan, yo la he visto en la villa de Acla, que seis hombres tenían bien qué llevar en una, y comúnmente las menores es harta carga una de ellas para dos hombres; y aquella que he dicho que vi llevar a seis, tenía la concha de ella por la mitad del lomo, siete palmos de vara de luengo, y más de cinco en ancho o por el través de ella. Tómanlas de esta manera: a veces acaece que caen en las grandes redes barrederas algunas tortugas, pero de la manera que se toman en cantidad es cuando las tortugas se salen de la mar a desovar o a pacer fuera por las playas; y así como los cristianos o los indios topan el rastro de ellas en el arena, van por él: y en topándola, ella echa a huir para el agua; pero como es pesada, alcánzanla luego con poca fatiga, y pónenlas un palo entre los brazos, debajo, y trastórnanlas de espaldas así como van corriendo, y la tortuga se queda así que no se puede tornar a enderezar, y dejada así, si hay otro rastro de otra o otras, van a hacer lo mismo, y de esta forma toman muchas donde salen, como es dicho. Es muy excelente pescado y de muy buen sabor y sano.

El segundo pescado de los tres que de suso se dijo, se llama tiburón; éste es grande pescado y muy suelto en el agua, y muy carnicero, y tómanse muchos de ellos, así caminando las naves a la vela por el mar Océano, como surgidas y de otras maneras, en especial los pequeños; pero los mayores se toman navegando los navíos, en esta forma: que como el tiburón ve las naos, las sigue y se va tras ellas, comiendo la basura e inmundicias que de la nao se echan fuera, y por cargada de velas que vaya la nao, y por próspero tiempo que lleve, cual ella lo debe desear, le va siempre el tiburón a la par, y le da en torno muchas vueltas, y acaece seguir a la nao ciento y cincuenta leguas, y más; y así, podría todo lo que quisiese; y cuando lo quieren matar, echan por popa de la nao un anzuelo de cadena tan grueso como el dedo pulgar, y tan luengo como tres palmos, encorvado, como suelen estar los anzuelos, y las orejas de él a proporción de la groseza, y al cabo del asta del dicho anzuelo, cuatro o cinco eslabones de hierro gruesos, y del último atado un cabo de una cuerda, grueso como dos veces o tres el dicho anzuelo, y ponen en él un pieza de pescado o tocino, o carne cualquiera, o parte del asadura de otro tiburón si le han muerto porque en un día yo he visto tomar nueve, y si se quisieran tomar más, también se pudiera hacer; y el dicho tiburón, por mucho que la nao corra, la sigue, como es dicho, y trágase todo el dicho anzuelo, y de la sacudida de la fuerza de él mismo, y con la furia que va la nao, así como traga el cebo y se quiere desviar, luego el anzuelo se atraviesa, y le pasa y sale por una quijada la punta de él, y prendido, son algunos de ellos tan grandes, que doce, y quince hombres, o más, son necesarios para lo guindar y subir en el navío, y metido en él, un marinero le da con el cotillo de una hacha en la cabeza grandes golpes, y lo acaba de matar; son tan grandes, que algunos pasan de diez, y doce pies, y más, y en la groseza, por lo más ancho tiene cinco, y seis, y siete palmos, y tienen muy gran boca, a proporción del cuerpo, y en ella dos órdenes de dientes en torno, la una distinta de la otra algo, y muy espesos y fieros los dientes; y muerto, hácenlo lonjas delgadas, y pónenlas a enjugar dos o tres o más días, colgadas por las jarcias del navío al aire, y después se las comen. Es buen pescado, y gran bastimento para muchos días en la nao, por su grandeza; pero los mejores son los pequeños, y más sanos y tiernos; es pescado de cuero, como los cazones y tollos; los cuales, y el dicho tiburón, paren otros sus semejantes, vivos; y esto digo porque el Plinio ninguno de aquestos tres puso en el número de los pescados que dice en su Historia natural que paren. Estos tiburones salen de la mar, y súbense por los ríos, y en ellos no son menos peligrosos que los lagartos grandes de que atrás se dijo largamente; porque también los tiburones se comen los hombres y las vacas y yeguas, y son muy peligrosos en los vados o partes de los ríos donde una vez se ceban. Otros pescados, muchos, y muy grandes y pequeños, y de muchas suertes, se toman desde los navíos corriendo a la vela, de lo cual diré tras el manatí, que es el tercero de los tres que dije de suso que expresaría.

El manatí es un pescado de mar, de los grandes, y mucho mayor que el tiburón en groseza y de luengo, y feo mucho, que parece una de aquellas odrinas grandes en que se lleva mosto en Medina del Campo y Arévalo; y la cabeza de este pescado es como de una vaca, y los ojos por semejante, y tiene unos tocones gruesos en lugar de brazos, con que nada, y es animal muy mansueto, y sale hasta la orilla del agua, y si desde ella puede alcanzar algunas yerbas que estén en la costa en tierra, pácelas; mátanlos los ballesteros, y asimismo a otros muchos muy buenos pescados, con la ballesta, desde una barca o canoa, porque andan someros de la superficie del agua; y como lo ven, dánle una saetada con un arpón, y el tiro o arpón con que le dan, lleva una cuerda delgada o traílla de hilo muy sutil y recio, alquitranado; y vase huyendo, y en tanto el ballestero da cordel, y echa muchas brazas de él fuera, y en el fin del hilo un corcho o palo, y desque ha andado bañando la mar de sangre, y está cansado, y vecino a la fin de la vida, llégase él mismo hacia la playa o costa, y el ballestero va cogiendo su cuerda, y desque le quedan siete o diez brazas, o poco más o menos, tira del cordel hacia la tierra, y las ondas del agua le ayudan a encallarse más, y entonces el dicho ballestero y los que le ayudan acábanle de echar en tierra; y para lo llevar a la ciudad o adonde lo han de pesar, es menester una carreta y un par de bueyes, y a las veces dos pares, según son grandes estos pescados. Asimismo, sin que se llegue a la tierra, lo meten en la canoa, porque como se acaba de morir, se sube sobre el agua: creo que es uno de los mejores pescados del mundo en sabor, y el que más parece carne; y en tanta manera en la vista es próximo a la vaca, que quien no le hubiere visto entero, mirando una pieza de él cortada, no se sabrá determinar si es vaca o ternera, y de hecho lo tendrían por carne, y se engañaran en esto todos los hombres del mundo; y asimismo el sabor es de muy excelente ternera propiamente, y la cecina de él muy especial, y se tiene mucho; ninguna igualdad tiene, ni es tal, con gran parte, el sollo de estas partes.

Estos manatíes tienen una cierta piedra o hueso en la cabeza, entre los sesos o meollo, la cual es muy útil para el mal de la ijada, y muélenla después de haberla muy bien quemado, y aquel polvo molido tómase cuando el dolor se siente, por la mañana en ayunas, tanta parte como se podrá coger con una blanca de a maravedí, en un trago de muy buen vino blanco; y bebiéndolo así tres o cuatro mañanas, quítase el dolor, según algunos que lo han probado me han dicho; y como testigo de vista, digo que he visto buscar esta piedra con gran diligencia a muchos para el efecto que he dicho.

Otros pescados hay casi tan grandes como los manatíes, que se llaman pez vihuela, que traen en la parte alta o hocico una espada, que por ambos lados está llena de dientes muy fieros, y es esta espada de una cosa propia suya, durísima y muy recia, y de cuatro a cinco palmos de luengo, y así a proporción de la longueza, es la anchura; y hay estos pescados desde tamaños como una sardina o menos, hasta que dos pares de bueyes tienen harta carga en uno de ellos en una carreta.

Mas, pues me ofrecí de suso de decir de otros pescados que se matan asimismo por la mar navegando los navíos, no se olviden las toñinas, que son grandes y buenos pescados, las cuales se matan con fisgas y arpones arrojados cuando ellas pasan cerca de los navíos; y asimismo de la misma manera matan muchas doradas, que es un pescado de los buenos que hay en la mar. Noté en aquel grande mar Océano una cosa, que afirmarán todos los que a las Indias han ido; y es, que así como en la tierra hay provincias fértiles y otras estériles, de la misma manera en la mar acaece, que algunas veces corren los navíos cincuenta, y ciento, y doscientas, y más leguas, sin poder tomar un pescado o verle, y en otras partes de aquel mar Océano se ve la mar hirviendo de pescados, y se matan muchos de ellos.

Quédame de decir de una volatería de pescados, que es cosa de oír, y es así: cuando los navíos van en aquel grande Océano siguiendo su camino, levántanse de una parte y otras muchas manadas de unos pescados, como sardinas el mayor, y de aquesta grandeza para abajo, disminuyendo hasta ser muy pequeños algunos de ellos, que se llaman peces voladores, y levántanse a manadas en bandas o lechigadas, y en tanta muchedumbre, que es cosa de admiración, y a veces se levantan pocos; y como acaece, de un vuelo van a caer cien pasos, y a veces algo más y menos, y algunas veces caen dentro de los navíos. Yo me acuerdo que una noche, estando la gente toda del navío cantando la salve, hincados de rodillas en la más alta cubierta de la nao, en la popa, atravesó cierta banda de estos pescados voladores, y íbamos con mucho tiempo corriendo, y quedaron muchos de ellos por la nao, y dos o tres cayeron a par de mí, que yo tuve en las manos vivos, y los pude muy bien ver, y eran luengos del tamaño de sardinas, y de aquella groseza, y de las quijadas les salían sendas cosas, como aquellas con que nadan los pescados acá en los ríos, tan luengas como era todo el pescado, y éstas son sus alas; y en tanto que éstas tardan de se enjugar con aire cuando saltan del agua a hacer aquel vuelo, tanto se puede sostener en el aire; pero aquellas enjutas, que es a lo más en el espacio o trecho que es dicho, caen en el agua, y tórnanse a levantar y hacer lo mismo, o se quedan y lo dejan; pero en el año de 1515 años, cuando la primera vez yo vine a informar a vuestra majestad de las cosas de las Indias, y fui en Flandes, luego el año siguiente, al tiempo de su bienaventurada sucesión en estos sus reinos de Castilla y Aragón, en aquel camino corriendo yo con la nao, cerca de la isla Bermuda, que por otro nombre se llama la Garza, y es la más lejos isla de todas las que hoy se saben en el mundo, que más lejos está de otra ninguna isla o tierra-firme, y llegué de ella hasta estar en ocho brazas de agua, y a tiro de lombarda de ella; y determinado de hacer saltar en tierra alguna gente a saber lo que hay allí, y aun para hacer dejar en aquella isla algunos puercos vivos de los que yo traía en la nao para el camino, porque se multiplicasen allí; pero el tiempo saltó luego al contrario, e hizo que no pudiésemos tomar la dicha isla, la cual puede ser de longitud doce leguas, y de latitud seis, y tendrá hasta treinta leguas de circuito, y está en treinta y tres grados de la banda de Santo Domingo, hacia la parte de septentrión; y estando por allí cerca, vi un contraste de estos peces voladores y de las doradas y de las gaviotas, que en verdad me parece que era la cosa de mayor placer que en mar se podía ver de semejantes cosas. Las doradas iban sobreaguadas, y a veces mostrando los lomos, y levantaban estos pescadillos voladores, a los cuales seguían por los comer, lo cual huían con el vuelo suyo, y las doradas perseguían corriendo tras ellos a do caían; por otra parte, las gaviotas o gavinas en el aire tomaban muchos de los peces voladores; de manera que ni arriba ni abajo no tenían seguridad; y este mismo peligro tienen los hombres en las cosas de esta vida mortal, que ningún seguro hay para el alto ni bajo estado de la tierra; y esto solo debería bastar para que los hombres se acuerden de aquella segura folganza que tiene Dios aparejada para quien le ama, y quitar los pensamientos del mundo, en que tan aparejados están los peligros, y los poner en la vida eterna, en que está la perpetua seguridad.

Tornando a mi historia, estas aves eran de la isla Bermuda que he dicho, y cerca de ella vi esta volatería extraña, porque aquestas aves no se apartan mucho de tierra, ni podían ser de otra tierra alguna.

Capítulo LXXXIV. De la pesquería de las perlas
Pues que se ha dicho de algunas cosas que no son de tanta
estimación o precio como las perlas, justo me parece que diga
la manera de cómo se pescan, y es así: en la costa del norte,
en Cubagua y Cumaná, que es donde aquesto más se ejercita,
según plenariamente yo fui informado de indios y cristianos,
dicen que salen de aquella isla de Cubagua muchos indios,
que allí están en cuadrillas de señores particulares, vecinos
de Santo Domingo y San Juan, y en una canoa o barca vanse
por la mañana cuatro o cinco o seis, o más, y donde les parece o saben ya que es la cantidad de las perlas, allí se paran
en el agua, y échanse para abajo a nado los dichos indios,
hasta que llegan al suelo, y queda en la barca uno, la cual
tiene queda todo lo que él puede, atendiendo que salgan los
que han entrado debajo del agua, y después que gran espacio
ha estado el indio así debajo, sale fuera encima del agua, y
nadando se recoge a su barca, y presenta y pone en ellas las
ostias que saca, porque en ostias se hallan las dichas perlas,
y descansa un poco, y come algún bocado, y después torna
a entrar en el agua y está allá lo que puede, y torna a salir
con las ostias que ha tornado a hallar, y hace lo que primero,
y de esta manera todos los demás, que son nadadores para
este ejercicio, hacen lo mismo; y cuando viene la noche, y
les parece tiempo de descansar, vanse a la isla a su casa, y
entregan las dichas ostias al mayordomo de su señor, que de
los dichos indios tiene cargo; y aquel háceles dar de cenar, y
pone en cobro las dichas ostias; y cuando tiene copia, hace
que las abran, en cada una hallan las perlas o aljófar, dos, y
tres, y cinco, y seis, y muchos más granos, según natura allí
los puso, y guárdanse las perlas y aljófar que en las dichas

ostias se hallan, y cómense las ostias si quieren, o échanlas
a mal, porque hay tantas, que aborrecen, y todo lo que sobra de semejantes pescados enoja, cuanto más que ellas son
muy duras, y no tan buenas para comer como las de España.
Esta isla de Cubagua, donde aquesta pesquería está, es en la
costa del norte, y no es mayor de lo que es Gelanda, pero es
tamaña. Algunas veces que la mar anda más alta de lo que los
pescadores y ministros de esta pesquería de perlas querrían,
y también porque naturalmente cuando un hombre está en
mucha hondura debajo del agua (como lo he yo muy bien
probado), los pies se levantan para arriba, y con dificultad
pueden estar en tierra debajo del agua luengo espacio: en esto
proveen los indios, con echarse sobre los lomos dos piedras,
una al un costado, y otra al otro, asidas de una cuerda, y él
en medio, y déjase ir para abajo, y como las piedras son pe-
sadas, hácenle estar debajo en el suelo quedo, pero cuando le
parece y quiere subirse, fácilmente puede desechar las piedras
y salirse; pero no es aquesto que está dicho lo que puede
maravillar de la habilidad que los indios tienen para ese ejercicio, sino que muchos de ellos se están debajo el agua una
hora, y algunos más tiempo, y menos, según que cada uno
es apto y suficiente para esta hacienda. Otra cosa grande me
ocurre, y es, que preguntando yo muchas veces a algunos señores de los indios que andan en esta pesquería, si se acaban
las pesquerías de perlas, pues que es pequeño el sitio donde se
toman, todos me respondieron que se acababan en una parte
y se iban a pescar a otra, al otro costado o viento contrario,
y que después que también acullá se acababan, se tornan al
primero lugar o alguna de aquellas partes donde primero habían pescado, y dejándolo por agotado de perlas, y que lo
hallaban tan lleno como si nunca allí hubieran sacado cosa
alguna; de que se infiere y puede sospechar que, o son de

paso estas ostias, como lo son otros pescados, o nacen y se aumentan y producen en lugar señalado. Aquesta Cumaná y Cubagua, donde aquesta pesquería de perlas que he dicho se hace, está en doce grados de la parte que la dicha costa mira al norte o septentrión.

Asimismo se toman y hallan muchas perlas en la mar austral del Sur, y muy mayores en la isla de las Perlas, que los indios llaman Terarequi, que es en el golfo de San Miguel, y allí han parecido mayores perlas mucho, y de más precio que en esta otra costa del norte, en Cumaná, ni en otra parte de ella: digo esto como testigo de vista, porque en aquella mar del Sur yo he estado, y me he informado muy particularmente de lo que toca a estas perlas.

De esta isla de Terarequi es una perla pera, de treinta y un quilates, que hubo Pedrarias en mil y tantos pesos, la cual se hubo cuando el capitán Gaspar de Morales, primo del dicho Pedrarias, pasó a la dicha isla en el año de 1515 años; la cual perla vale muchos más dineros.

De aquella isla también es una perla redondísima que yo traje de aquella mar, tamaña como un bodoque pequeño, y pesa veinte y seis quilates; y en la ciudad de Panamá, en la mar del Sur, di por esta perla seiscientos y cincuenta pesos de buen oro, y la tuve tres años en mi poder, y después que estoy en España la vendí al conde Nansao, marqués de Cenete, gran camarlengo de vuestra majestad; el cual la dio a la marquesa del Cenete, doña Mencía de Mendoza, su mujer; la cual perla creo yo que es una de las mayores, o la mayor de todas las que en estas partes se han visto, redonda; porque ha de saber vuestra majestad que en aquella costa del sur antes se hallarán cien perlas grandes de talle de pera que una redonda grande. Está esta dicha isla de Terarequi, que los cristianos la llaman la isla de las Perlas, y otros la dicen isla de Flores, en ocho grados, puesta a la banda o parte austral, o del sur de la Tierra-Firme, en la provincia de Castilla del Oro. En estas dos partes que he dicho de la una costa y otra de Tierra-Firme, es donde hasta ahora se pescan las perlas; pero también he sabido que en la provincia e islas de Cartagena hay perlas; y pues vuestra majestad manda que vaya a le servir allí de su gobernador y capitán, yo me tengo cuidado de las hacer buscar, y no me maravillo que allí se hallen asimismo, porque los que aquesto me han dicho no hablan sino por oídos de los mismos indios de aquella tierra, que se las han enseñado dentro en el pueblo y puerto del cacique Carex, que es el principal de la isla de Codego, que está en la boca del puerto de la dicha Cartagena, la cual en lengua de los indios se llama Coro; la cual isla y puerto están a la banda del norte de la costa de Tierra-Firme en diez grados.

Capítulo LXXXV. Del estrecho y camino que hay desde
la mar del Norte a la mar Austral, que dicen del Sur

Opinión ha sido entre los cosmógrafos y pilotos modernos, y personas que de la mar tienen algún conocimiento, que hay estrecho de agua desde la mar del Sur a la del Norte, en la Tierra-Firme, pero no se ha hallado ni visto hasta ahora; y el estrecho que hay, los que en aquellas partes habemos andado, más creemos que debe ser de tierra que no de agua; porque en algunas partes es muy estrecha, y tanto, que los indios dicen que desde las montañas de la provincia de Esquegna y Urraca, que están entre la una y la otra mar, puesto el hombre en las cumbres de ellas, si mira a la parte septentrional se ve el agua y mares del Norte, de la provincia de Veragua, y que mirando al opósito, a la parte austral o del mediodía, se ve la mar y costa del Sur, y provincias que tocan en ella, de aquestos dos caciques o señores de las dichas provincias de Urraca y Esquegna. Bien creo que si esto es así como los indios dicen, que de lo que hasta el presente se sabe, esto es lo más estrechado de tierra; pero, según dicen que es doblada de sierras y áspero, no lo tengo yo por el mejor camino ni tan breve como el que hay desde el puerto del Nombre de Dios, que está en la mar del Norte, hasta la nueva ciudad de Panamá, que está en la costa y a par del agua de la mar del Sur; el cual camino asimismo es muy áspero y de muchas sierras y cumbres muy dobladas, y de muchos valles y ríos, y bravas montañas y espesísimas arboledas, y tan dificultoso de andar, que sin mucho trabajo no se puede hacer; y algunos ponen por esta parte, de mar a mar, diez y ocho leguas, y yo las pongo por veinte buenas, no porque el camino pueda ser más de lo que es dicho, pero porque es muy malo, según de suso dije; el cual he yo andado dos veces a pie. Y yo pongo desde el dicho puerto y villa de Nombre de Dios siete leguas hasta el cacique de Juanaga (que también se llama de Capira), y aun casi ocho leguas, y desde allí otro tanto hasta el río de Chagre, y aun es más camino el de aquesta segunda jornada; así que hasta allí las hago diez y seis leguas y allí se acaba el mal camino; y desde allí a la puente Admirable hay dos leguas, y desde la dicha puente hay otras dos leguas hasta el puerto de Panamá. Así que son veinte leguas por todas a mi parecer; y pues tantas leguas he andado peregrinando por el mundo, y tanto he visto de él, no es mucho que yo acierte en la tasa de tan corto camino, como el que he dicho que hay desde la mar del Norte a la del Sur.

Si, como en nuestro Señor se espera, para la Especería se halla navegación para la traer al dicho puerto de Panamá, como es muy posible, Deo volente, desde allí se puede muy fácilmente pasar y traer a estotra mar del Norte, no obstante las dificultades que de suso dije de este camino, como hombre que muy bien le ha visto, y por sus pies dos veces andado el año de 1521 años; pero hay maravillosa disposición y facilidad para se andar y pasar la dicha Especería por la forma que ahora diré: desde Panamá hasta el dicho río de Chagre hay cuatro leguas de muy buen camino, y que muy a placer le pueden andar carretas cargadas, porque aunque hay algunas subidas, son pequeñas, y tierra desocupada de arboleda, y llanos, y todo lo más de estas cuatro leguas es raso; y llegadas las dichas carretas al dicho río, allí se podría embarcar la dicha especería en barcas y pinazas; el cual río sale a la mar del Norte, a cinco o seis leguas debajo del dicho puerto del Nombre de Dios, y entra la mar a par de una isla pequeña, que se llama isla de Bastimentos, donde hay muy buen puerto. Mire vuestra majestad qué maravillosa cosa y grande disposición hay para lo que es dicho, que aqueste río Chagre, naciendo a dos leguas de la mar del Sur, viene a meterse en la mar del Norte. Este río corre muy recio tan apropiado para lo que es dicho, que no se podría decir ni imaginar ni desear cosa semejante tan al propósito para el efecto que he dicho.

La puente Admirable o Natural, que está a dos leguas del dicho río y otras dos del dicho puerto de Panamá, y en mitad del camino, es de esta manera: que al tiempo que a ella llegamos, sin sospecha de tal edificio ni la ver hasta que está el hombre encima de ella, yendo hacia la dicha Panamá, así como comienza la puente, mirando a la mano derecha ve debajo de sí un río, que desde donde el hombre tiene los pies hasta el agua hay dos lanzas de armas, o más, en hondo o altura, y es pequeña agua, o hasta la rodilla, lo que puede llevar, y de treinta o cuarenta pasos en ancho; el cual río se va a meter en el otro río de Chagre, que primero se dijo; y estando asimismo sobre la dicha puente, y mirando a la parte siniestra, está lleno de árboles y no se ve el agua; pero la puente está, en lo que se pasa, tan ancha como quince pasos, y es luenga hasta setenta o ochenta; y mirando a la parte por donde abajo de ella pasa el agua, está hecho un arco de piedra y peña viva natural, que es cosa mucho de ver, y para maravillarse todos los hombres del mundo de este edificio por la mano de aquel soberano Hacedor del universo. Así que, tornando al propósito de la dicha Especería, digo que cuando a nuestro Señor le plega que en ventura de vuestra majestad se halle por aquella parte y se navegue hasta la conducir a la dicha costa y puerto de Panamá, y de allí se traiga, según es dicho, por tierra y en carros hasta el río de Chagre, y desde allí, por él se ponga en estotra mar del Norte, donde es dicho, y de allí en España, más de siete mil leguas de navegación se ganarán, y con mucho menos peligro de como al presente se navega por la vía que el comendador fray García de Loaisa, capitán de vuestra majestad, que este presente año partió para la dicha Especería, lo ha de navegar; y de tres partes del tiempo, más de las dos se abreviarán y ganarán por estotro camino; y si algunos de los que lo podrían haber hecho desde la dicha mar del Sur se hubiesen ocupado en buscar desde ella la dicha Especería, yo soy de opinión que habría muchos días que la hubiesen hallado, y hase de hallar sin ninguna duda queriéndola buscar por aquella parte o mar, según la razón de la cosmografía.

Capítulo LXXXVI. Conclusión

Dos cosas muy de notar se pueden colegir de este imperio occidental de estas indias de vuestra majestad, demás de las otras particularidades dichas y de todo lo que más se puede decir, que son de grandísima calidad cada una de ellas. Lo uno es la brevedad del camino y aparejo que hay desde la mar del Sur para la contratación de la Especería, y de las innumerables riquezas de los reinos, y señoríos que con ella confinan, y hay diversas lenguas y naciones extrañas. Lo otro es considerar que innumerables tesoros han entrado en Castilla por causa de estas Indias, y qué es lo que cada día entra, y lo que se espera que entrará, así en oro y perlas como en otras cosas y mercaderías que de aquellas partes continuamente se traen y vienen a vuestros reinos, antes que de ninguna generación extraña sean tratados ni vistos, sino de los vasallos de vuestra majestad, españoles; lo cual, no solamente hace riquísimos estos reinos, y cada día lo serán más, pero aun a los circunstantes redunda tanto provecho y utilidad, que no se podría decir sin muchos renglones y más desocupación de la que yo tengo. Testigos son estos ducados dobles que vuestra majestad por el mundo desparce, y que de estos reinos salen y nunca a ellos tornan; porque como sea la mejor moneda que hoy por el mundo corre, así como entra en poder de algunos extranjeros, jamás sale; y si a España torna es un hábito disimulado, y bajados los quilates, y mudadas vuestras reales insignias; la cual moneda, si este peligro no tuviese, y no se deshiciese en otros reinos para lo que es dicho, de ningún príncipe del mundo no se hallaría más cantidad de oro en moneda, ni que pudiese ser tanta, con grandísima cantidad de millones y millones de oro como la de vuestra majestad. De todo esto es la causa las dichas indias, de quien brevemente he dicho lo que me acuerdo.

Sacra, católica, cesárea, real majestad: Yo he escrito en este breve sumario o relación lo que de aquesta natural historia he podido reducir a la memoria, y he dejado de hablar en otras cosas muchas de que enteramente no me acuerdo, ni tan al propio como son se pudieran escribir, ni expresarse tan largamente como están en la general y natural historia de las Indias, que de mi mano tengo escrita, según en el proemio y principio de este repertorio dije; la cual tengo en la ciudad de Santo Domingo de la isla Española. A vuestra majestad humildemente suplico reciba por su clemencia la voluntad con que me muevo a dar esta particular información de lo que aquí he dicho, hasta tanto que en mayor volumen y más plenariamente vea todo esto y lo que de esta calidad tengo notado, si servido fuere, que lo haga escribir en limpio para que llegue a su real actamiento, y desde allí con la misma licencia se pueda divulgar; porque en verdad es una de las cosas muy dignas de ser sabidas y tener en gran veneración, por tan verdaderas y nuevas a los hombres de este primer mundo que Ptolomeo tenía en su cosmografía; y tan apartadas y diferentes de todas las otras historias de esta calidad, que por ser sin comparación esta materia, y tan peregrina, tengo por muy bien empleadas mis vigilias, y el tiempo y trabajos que me ha costado ver y notar estas cosas, y mucho más si con esto vuestra majestad se tiene por servido de tan pequeño servicio, respecto del deseo con que la hace el menor de los criados de la casa real de vuestra sacra, católica, cesárea majestad; que sus reales pies besa. Gonzalo Fernández de Oviedo, alias de Valdés.

Libros a la carta

A la carta es un servicio especializado para

empresas,

librerías,

bibliotecas,

editoriales

y centros de enseñanza;

y permite confeccionar libros que, por su formato y concepción, sirven a los propósitos más específicos de estas instituciones.

Las empresas nos encargan ediciones personalizadas para marketing editorial o para regalos institucionales. Y los interesados solicitan, a título personal, ediciones antiguas, o no disponibles en el mercado; y las acompañan con notas y comentarios críticos.

Las ediciones tienen como apoyo un libro de estilo con todo tipo de referencias sobre los criterios de tratamiento tipográfico aplicados a nuestros libros que puede ser consultado en Linkgua-ediciones.com.

Linkgua edita por encargo diferentes versiones de una misma obra con distintos tratamientos ortotipográficos (actualizaciones de carácter divulgativo de un clásico, o versiones estrictamente fieles a la edición original de referencia).

Este servicio de ediciones a la carta le permitirá, si usted se dedica a la enseñanza, tener una forma de hacer pública su interpretación de un texto y, sobre una versión digitalizada «base», usted podrá introducir interpretaciones del texto fuente. Es un tópico que los profesores denuncien en clase los desmanes de una edición, o vayan comentando errores de interpretación de un texto y esta es una solución útil a esa necesidad del mundo académico.

Asimismo publicamos de manera sistemática, en un mismo catálogo, tesis doctorales y actas de congresos académicos, que son distribuidas a través de nuestra Web.

El servicio de «libros a la carta» funciona de dos formas.

1. Tenemos un fondo de libros digitalizados que usted puede personalizar en tiradas de al menos cinco ejemplares. Estas personalizaciones pueden ser de todo tipo: añadir notas de clase para uso de un grupo de estudiantes, introducir logos corporativos para uso con fines de marketing empresarial, etc. etc.

2. Buscamos libros descatalogados de otras editoriales y los reeditamos en tiradas cortas a petición de un cliente.